INFATUACIÓN CREATIVISTA DEL UNO

Silvia Zanelli

Infatuación creativista del Uno

Sujetos con infarto: ¿falla de la función del Uno?

Colección UAI – Investigación

UAI EDITORIAL

teseo

Zanelli, Silvia Beatriz
Infatuación creativista del Uno: sujetos con infarto: ¿falla de la función del Uno? / Silvia Beatriz Zanelli. – 1a ed. – Ciudad Autónoma de Buenos Aires: Teseo; Ciudad Autónoma de Buenos Aires: Universidad Abierta Interamericana, 2018. 124 p.; 13 x 20 cm.
ISBN 978-987-723-169-4
1. Psicoanálisis. I. Título.
CDD 150.195

Teseo – UAI. Colección UAI – Investigación

Buenos Aires, Argentina

Editorial Teseo

Hecho el depósito que previene la ley 11.723

Para sugerencias o comentarios acerca del contenido de esta obra, escríbanos a: **info@editorialteseo.com**

www.editorialteseo.com

ISBN: 9789877231694

Autoridades

Presentación

La Universidad Abierta Interamericana ha planteado desde su fundación en el año 1995 una filosofía institucional en la que la enseñanza de nivel superior se encuentra integrada estrechamente con actividades de extensión y compromiso con la comunidad, y con la generación de conocimientos que contribuyan al desarrollo de la sociedad, en un marco de apertura y pluralismo de ideas.

En este escenario, la Universidad ha decidido emprender junto a la editorial Teseo una política de publicación de libros con el fin de promover la difusión de los resultados de investigación de los trabajos realizados por sus docentes e investigadores y, a través de ellos, contribuir al debate académico y al tratamiento de problemas relevantes y actuales.

La *colección investigación* TESEO – UAI abarca las distintas áreas del conocimiento, acorde a la diversidad de carreras de grado y posgrado dictadas por la institución académica en sus diferentes sedes territoriales y a partir de sus líneas estratégicas de investigación, que se extiende desde las ciencias médicas y de la salud, pasando por la tecnología informática, hasta las ciencias sociales y humanidades.

El modelo o formato de publicación y difusión elegido para esta colección merece ser destacado por posibilitar un acceso universal a sus contenidos. Además de la modalidad tradicional impresa comercializada en librerías seleccionadas y por nuevos sistemas globales de impresión y envío pago por demanda en distintos continentes, la UAI adhiere a la red internacional de acceso abierto para el conocimiento científico y a lo dispuesto por la Ley n°: 26.899 sobre *Repositorios digitales institucionales de acceso abierto en ciencia y tecnología,* sancionada por el Honorable Congreso de la Nación Argentina el 13 de noviembre de 2013, poniendo a disposición del público en forma libre y gratuita la versión digital de sus producciones en el sitio web de la Universidad.

Con esta iniciativa la Universidad Abierta Interamericana ratifica su compromiso con una educación superior que busca en forma constante mejorar su calidad y contribuir al desarrollo de la comunidad nacional e internacional en la que se encuentra inserta.

Dra. Ariadna Guaglianone
Secretaría de Investigación
Universidad Abierta Interamericana

Índice

Prólogo

El libro de Silvia Zanelli apuesta por una valiosa interrogación ética y clínica acerca de la subjetivación y la función del Uno en sujetos que han padecido infartos cardiovasculares. En su tiempo, Lacan exhortaba a los psicoanalistas para que renunciaran todos aquellos que no pudiesen unir su horizonte a la subjetividad de su época. Reto subversivo e impertinente, si tomamos en cuenta que, cada época, con sus particularidades, ha tratado de silenciar aquello que se manifiesta como imposible de soportar. La propuesta de Lacan nos convoca a hacer hablar eso insoportable y a estar dispuestos a asumir la responsabilidad de ello hasta sus últimas consecuencias. En esa vía, este libro puede leerse como una respuesta a ese reto, una apuesta por unir nuestro horizonte a la subjetividad de la época, toda vez que da lugar a la palabra, para hacer resonar, a través suyo, lo que del cuerpo, en ocasiones, no encuentra otra vía que el estallido que detiene el curso de la vida, incluso de un modo literal.

Mientras los discursos dominantes nos empujan cada vez más hacia una alineación en pro de la productividad, la acumulación y el exceso, a condición del silencio, el sometimiento del cuerpo al deber impuesto por el amo capitalista, tanto como la presión para ser eficientes hasta el punto de hacer de la disposición a vivir y trabajar "bajo presión" una virtud, Silvia Zanelli apuesta por la escucha del malestar, desde la singularidad del goce que atañe a cada uno, dando cuenta de la manera en que el sujeto del inconsciente resiste a la adaptación. Se trata, pues, de una investigación que resiste, así, a los embates de las ciencias, los mercados y los discursos, que buscan reducir al ser hablante a un organismo despojado de su subjetividad, consumidor de pastillas que intentan acallar lo más propio del deseo, sosteniendo una posición ética que enaltece el lugar de la palabra para restituir el filo cortante de la verdad con la cual cada uno se ve interrogado, toda vez que el tropiezo llega como un acontecimiento, es decir, sorprendiendo la posición de desconocimiento con la cual el yo, en ocasiones, puede habituarse a vivir casi como si ya estuviera muerto.

Son múltiples los malestares de la cultura que se viven como efecto del narcisismo exacerbado y cínico que se promueve desde los ideales del discurso capitalista. Y, entre ellos, los infartos cardiovasculares son un ejemplo de las manifestaciones más estridentes y sorpresivas con las cuales un sujeto es interrogado por aquello que lo deslinda de su lugar en el mundo, es decir, del sentido que lo sostiene en ese tránsito inexorable entre la vida y la muerte.

La indagación por los indicios encontrados en los discursos de las personas entrevistadas en la investigación de Zanelli develan, poco a poco, el punto en que la subjetivación y la función del Uno ponen de manifiesto el surgimiento de lo real, justo en el momento en que un corazón se vuelve delator, al no encontrar en el significante un soporte necesario para sostener el peso de silenciar el saber inconsciente acerca del goce.

No deja de sorprender cómo, incluso ante la inminencia del acontecimiento, el yo no reconoce la presencia de lo mortífero, mucho menos la señal de angustia, mostrando, como bien supo indicarlo Lacan, que "hay que hacer un esfuerzo para no creer que uno es inmortal"[1]. La imposibilidad se manifiesta allí como ausencia de implicancia.

---

[1]   Lacan, J. Apertura de la sesión clínica. 5 de enero de 1977. En: *Versiones bilingües*. Biblioteca Lacan. École lacanienne de psychanalyse, p. 6. Disponible en https://goo.gl/3BzWNo.

Mientras la subjetivación de un cuerpo y la función del Uno podrían poner un límite al exceso, vía el significante por el cual la pulsión de muerte encuentre un acotamiento y un reconocimiento por parte del yo, los sujetos entrevistados a lo largo de la rigurosa investigación de la cual el libro es testimonio, hablan de un cuerpo deshabitado, ajeno, que debería marchar como una máquina inmortal.

En este orden de ideas, las elaboraciones de Silvia Zanelli cuentan con un valor clínico inconmensurable y, al mismo tiempo, permiten reconocer cómo los imperativos de goce y la fragilidad en los modos de la constitución subjetiva con los que nuestra época denuncia su propia decadencia empujan a cada uno hacia la entrega irreflexiva en un desamparo que, si bien es constituyente por el hecho mismo de ser sujetos de lenguaje, se juega en la elección de pagar con la vida en lugar de entregar la bolsa, mientas estamos embebidos por el horror que parece producirnos no ser dignos del amor de un amo que exige la sumisión, el sacrificio y la abnegación a cambio de no caer en el anonimato o en el ostracismo.

Así las cosas, la lectura de este libro constituye, además de una aventura intelectual, la posibilidad de interrogar el lugar con el que cada uno se ubica ante el Otro en una época en la que el mercado hace del sujeto un objeto que debe someterse a las leyes del intercambio con fines de una acumulación que tiende al exceso irrefrenable. En un panorama con esas características, pensar, interrogarse, analizarse constituyen actos subversivos y, en esa medida, peligrosos para los intereses globales, por lo cual las generalizaciones y la homogenización buscan silenciar lo particular y lo singular que habla del saber que cada uno porta en tanto sujeto del inconsciente. Por tanto, el libro de Silvia Zanelli nos convoca a no ceder en nuestra posición ética y a sostener el deseo que aviva la llama del lazo humano, más allá de la deshumanización que reina en un mundo en el que se nos promete una felicidad insulsa, en forma de pastillas y artículos de TV novedades.

John J. Gómez G.
Abril de 2018

Introducción

La actualidad de la clínica psicoanalítica, ante los nuevos modos de presentación que resisten la instalación de la transferencia analítica, nos interroga. Frente a las adversidades del medio social, la violencia que atraviesa la época, las posibilidades de subjetivización difieren en el caso por caso. Empero, para Freud la incidencia de factores externos no es lo determinante. El umbral de tolerancia depende de factores internos. El mayor patrimonio del hombre ha de buscarse en las singularidades, pues la capacidad de resistencia y recursos psíquicos difieren, aún, frente a situaciones adversas semejantes. Entre las nuevas presentaciones, cuentan en demasía los efectos psicosomáticos que recusan notablemente los efectos subjetivos que definen la clínica analítica.

El Siglo XIX, signado por el dualismo psicofísico, representa para Freud un desafío. Destellos de ese desafío, alumbran desde 1900 cuando una representación auxiliar de "*el otro escenario*" tomada de Fechner (1889) es trascendida por una negación que se avizora como el envés del trabajo del inconsciente y sus leyes. Los anhelos de contigüidades conducen al maestro, sin saberlo, a un dualismo inédito. La inflexión de la pulsión de muerte marca el horizonte por donde el cuerpo hallará su lugar debido. Cuerpo y alma; vida y muerte no son dos, sino que uno no es sin el otro. La paradoja de un bregar pulsional, a expensas de lo racional, decide las vicisitudes de la morada real que dignifique una existencia. Su legado es a la función del Uno que alumbra en los bordes de un cuerpo gozante, cuando su función se solidariza a un saber en fracaso que traza el horizonte que va de la represión primaria a la castración.

Lacan retorna a los fundamentos de la construcción freudiana y allí encuentra las bases para interrogar al sujeto en su estructura más radical. Así, desde el U*n existe* que delata el rodeo freudiano por la masa (1921) avanza del rasgo unario al significante amo que recusa al amo clásico hegeliano. Desde allí reflexiona acerca de la función del Uno en la subjetivación.

Este escrito, con el marco teórico señalado, apunta especialmente a indagar, a partir de la función del Uno, las posibilidades de subjetivación en sujetos con infarto. Nuestra argumentación gira alrededor del *"Haiuno [Yad´- lun]"* (Lacan, 1971-1972: 125), cuestión que rige la aseveración lacaniana: "es con este aparato del rasgo unario como se constituyeron como sujetos" (Lacan, 1962-1963: 31).

En los programas y proyectos sobre enfermedades vasculares, la Organización Mundial de la Salud (OMS) destaca que las enfermedades cardiovasculares (ECV) son un conjunto de trastornos del corazón y de los vasos sanguíneos. Como principal causa de defunción en el mundo, afectan en mucha mayor medida a los países de ingresos bajos y medianos: más del 80% de las defunciones por esta causa se producen en esos países (OMS, 2017). Actualmente, definen el infarto agudo de miocardio (IAM) como "la necrosis de las células del miocardio como consecuencia de una isquemia prolongada producida por la reducción súbita de la irrigación sanguínea coronaria, que compromete una o más zonas del miocardio" (Coll Muñoz, Valladarez Carabajal y González Rodríguez, 2016: 171). Además, la OMS recomienda que se utilice "la definición universal de IM" del Grupo de Trabajo conjunto de la ESC/ACCF/ AHA/WHF[2] (Thygesen, et al., 2013), donde en la octava

---

[2]   ESC (European Society of Cardiology), AHA (American Heart Association), ACCF (American College of Cardiology Foundation) y la Federación Mundial del Corazón WHF (World Heart Federation).

conclusión de la *Tercera definición de IM* indica que "es necesario conocer y anticipar las implicancias sobre el estado psicológico y social de los pacientes en quienes se realiza diagnóstico de IM, así como de sus familias" (Bazzino, 2013: 410).

Inferimos a partir de allí que, a pesar de la eficacia del saber y del acto médico, algo no funciona. Esto adquiere mayor importancia cuando lo que se pone en juego es el valor de la vida. Por ello, en otra dimensión, reflexionar sobre el valor de la vida en tanto vida psíquica nos conduce a la concepción de la muerte con sus paradojas y singularidades. La inflexión de la pulsión de muerte obliga a estudiar el lugar que le toca al cuerpo y decide las vicisitudes del acceso a un saber de otro orden que afecte, implique a un sujeto.

El estado actual del conocimiento sobre la problemática lleva a concluir la pertinencia de interrogar la actualidad de la enseñanza freudiana como así también de aportes de la transmisión lacaniana destinada a recrear la invención y el legado de Freud. Si bien este sentó las bases para reflexionar sobre el proceso de subjetivación a partir de la noción de realidad psíquica y su anudamiento al complejo de Edipo, Lacan agrega cuestiones esclarecedoras, en particular cuando se interroga sobre la estructura más radical del sujeto. Articula, así, identificación y significante, nuevos aportes disciplinares entre los cuales cuentan la Lingüística y la Antropología, que enriquecen su reflexión. Inspirado, especialmente, en *Más allá* (Freud, 1920) y *Psicología de las masas* (Freud, 1921), retoma las vicisitudes de una traza negativa que, como envés del inconsciente, justifica al mito del Padre muerto que atraviesa toda la obra freudiana. Por este camino conduce a un anudamiento que ilumina la diferenciación entre realidad y real en tanto fundamento último del deseo y su lugar en la subjetivación.

La argumentación se orienta por el supuesto de que los sujetos que han atravesado infarto permiten inferir a través de sus modalidades discursivas que no han subjetivado el infarto por falla de la función del Uno[3]. Se supone que, a diferencia de la afectación, implicancia y consecuente posibilidad de inscripción del suceso vivido, en estos sujetos la capacidad de interrogación subjetiva está perturbada. Giramos alrededor de diversos interrogantes: ¿En qué medida el SCI ha podido subjetivar el episodio? ¿De qué manera se verifica la función del Uno en la subjetivación del infarto?

Concibiendo que no existe aceptación automática de la supuesta realidad de lo vivido y que hablar no equivale a decir, se infieren a partir de los relatos los efectos particulares en la subjetividad y la posibilidad de subjetivación del episodio. En virtud de la función del Uno, buscamos comprender y caracterizar los efectos post-infarto y los modos de solución subjetiva.

La argumentación se desarrolla realizando tres movimientos vinculados a la subjetivación con el fin de arrojar luz sobre la particularidad de estos procesos. Un primer movimiento gira alrededor de un núcleo conceptual que ordena en la trama freudiana aquellas cuestiones que nos permitan reflexionar sobre el proceso de subjetivación. El segundo movimiento gira en torno a la aseveración *"Haiuno [Yad 'lun]"* (Lacan, 1971-1972: 125). Alrededor de

---

[3]   Este trabajo se construye a partir de la acción conjugada de dos factores. Por un lado, se desarrolla la temática cernida en la tesis de Maestría en Psicoanálisis Función del Uno y Subjetivación UNLAM, 2017; jurado: Clara Azaretto (UBA), Mabel Fuentes (UNLAM-AEAPG), Gloria Perello (UNLAM). Por otro, se vuelca la experiencia de la autora como psicoanalista tanto en el ámbito institucional (Facultad de Medicina, UBA 1980-1985) y privado (actualidad).

tal enunciado asertivo se exploran distintas cuestiones que arrojen luz sobre la función del Uno en el proceso de subjetivación. En un tercer movimiento se encara el análisis y conceptualización de las viñetas seleccionadas por su alto valor ilustrativo del universo en su conjunto.

Hoy contamos con variadas investigaciones sobre el tema, muchas de las cuales resaltan el lugar central del estrés en los SCI. En igual sentido este fenómeno se ha verificado casi con carácter invariable en una investigación conducida por la autora: *Trauma actual: la función de la palabra y el lugar del cuerpo en sujetos con desórdenes cardiovasculares, específicamente infartos* (Zanelli, 2014). No pretendemos penetrar en los distintos enfoques teóricos, sino cernirnos a la mirada psicoanalítica de Freud y Lacan. Para ello, este trabajo avanza sobre los factores psíquicos que subyacen al fenómeno citado, indagando la situación previa y posterior al efecto cardíaco, a partir del análisis de una serie de comunicaciones personales de sujetos con infarto. A su vez, el desarrollo se despliega en cinco capítulos.

El capítulo primero, a partir de la clínica inicial, traza el eje de la argumentación freudiana que distingue la retroacción de la desviación directa, y avanza del trauma al fantasma fundamental y su función en la subjetivación. El segundo capítulo indaga, a partir de la teoría del reencuentro, el modo inédito de concebir lo subjetivo en tanto trasciende la oposición con lo objetivo. Se aborda la realidad que, en tanto fantasmática, complica este simple contrapunto. Allí, repetición y reencuentro se ubican como campo *princeps* de la subjetivación.

El capítulo tercero estudia los avances y aportes que realiza Lacan a partir del *Un existe* extraído del rodeo freudiano por la masa y su articulación con la identificación conectada a la hegemonía del significante. El capítulo cuarto, a partir de la relación lógica alienación-separación, reflexiona sobre la articulación entre el tiempo de la angustia, el deseo y la función del Uno. Así también, indaga sobre la subjetivación y la relación del saber con el goce en el triple anudamiento de las categorías lacanianas, real, simbólico e imaginario.

En el capítulo quinto se presenta el análisis de casos y se exponen los resultados del trabajo. Resulta crucial aquí el análisis de las comunicaciones personales consignadas en las entrevistas efectuadas. Desde allí y, apuntando a la localización del sujeto y su estructura, Lacan plantea categorías diferenciales que es fundamental explorar: palabra verdadera y palabra vacía; enunciado y enunciación; la palabra que comunica diferenciada de la noción de discurso, dimensión de la pregunta, de la negación. El análisis referido se ordena en tres ejes según nuestro interés de estudiar la manera en que aquellos que han atravesado infartos articulan dicha experiencia en la trama de su subjetividad. Finalmente, se expone una breve síntesis del trabajo, se fundamenta el supuesto y se extraen conclusiones según los objetivos planteados del tema que se analiza. Asimismo, se enuncian algunas sugerencias derivadas del análisis citado.

El diseño metodológico se enmarca en el horizonte de la investigación cualitativa. Con un enfoque interpretativo de tipo hermenéutico que responde a un diseño longitudinal retrospectivo, se analizan fragmentos discursivos tomados de fuentes secundarias directas de sujetos que han atravesado infartos. El trabajo apunta a la interpretación del discurso manifiesto de los sujetos a partir de categorías psicoanalíticas que operan como un sistema semiológico segundo. En este orden de ideas, resulta de vital importancia señalar que no hay aspiraciones clínicas propiamente dichas, sino un servirse de los conceptos psicoanalíticos para plantear algunas conjeturas en torno al fenómeno estudiado en pro de la construcción de conocimiento. No se trata de meras descripciones de los hechos, ni de establecer las determinaciones causales, sino que se apunta a la interpretación o comprensión del objeto que nos ocupa. Respecto al tratamiento de la temporalidad, este estudio responde a un diseño longitudinal retrospectivo ya que se analizan los modos de respuesta subjetiva post infarto, es decir, una vez acontecido el hecho.

Asimismo, se utiliza el resultado de entrevistas a personas que, habiendo sufrido infartos, daban cuenta, retroactivamente, de diversos aspectos y sentidos relativos al acontecimiento, procurando la espontaneidad en las respuestas dadas ante la administración de una entrevista[4]. Se apostó así por una ética que reconoce la incertidumbre cuando se trata de la investigación de la subjetividad (Gómez, 2012). Nuestra argumentación, enmarcada en conceptos psicoanalíticos, resalta, entre otras, la receptividad del investigador frente a los datos recolectados [la palabra], pues como lo plasma cuando referencia a Lacan frente a lo dicho por Picasso, "Yo no busco, encuentro" (Ramírez, 2004).

---

[4]   El material ha sido extraído de una entrevista semiestructurada utilizada en el marco de una investigación que he dirigido en la Universidad Abierta Interamericana: *Trauma actual: la función de la palabra y el lugar del cuerpo en sujetos con desórdenes cardiovasculares, específicamente infartos* (Zanelli, 2014).

Primer movimiento:
la subjetivación
en la escritura freudiana

Del trauma al fantasma

Percibimos en la angustia sensaciones corporales [...] no nos interesa la fisiología de la angustia, bástenos con destacar algunos representantes [...] las más frecuentes y nítidas son las que sobrevienen en los órganos de la respiración y en el corazón.

(Freud, 1926b: 125).

En el marco de la clínica freudiana inicial, ¿qué valor se adelanta para la subjetivación? Un acto fundacional se verifica con la invención de una categoría inédita. La histeria de defensa constituye la marca de un antes y un después (Freud, 1894). La ruptura con las posiciones médicas se avizora allí cuando se sitúa un conflicto en el campo de lo psíquico. Apuntando a reflexionar sobre su lugar en la subjetivación, interrogamos ese campo en su diferencia con los efectos directos inherentes a la neurosis de angustia.

Con el esquema de la defensa, lo inconciliable conduce a la articulación de la pulsión y la fantasía. ¿Cuál es el alcance del pasaje del trauma a la fantasía? Una representación que más tarde adquiere el carácter de fantasía puede desencadenar procesos patológicos de diversa índole. La distinción entre desórdenes psicógenos y somatógenos se torna decisiva para nuestros fines (Freud, 1926b). Las vicisitudes de unas escenas mudas en su tiempo nos conducen hacia una temporalidad inversa que decide las vicisitudes de una inscripción sin la cual la subjetivación resulta inverosímil. Es por ello que, introducida la articulación pulsión-fantasía, la fecundidad se sitúa en una marca que saca de la impunidad al sujeto. Desde aquí las coordenadas kantianas se tornan insuficientes para dar cuenta

de la construcción de un sujeto bajo la lógica del inconsciente. Esbozándose una pieza distinta de lo reprimido, se
perfila el lugar de las escenas primordiales. Derivadas de la
escena infantil, se confiesan como una realidad que aver-
güenza, en tanto escenas de goce. Aquí la escena pasiva
retoma toda su fecundidad. En lo inconsciente no existe
un signo de realidad que distinga el suceso acaecido y la
ficción. La fantasía de deseo con su valor de verdad otorga
preeminencia a la realidad psíquica. Realidad que a la luz
de la pulsión de muerte requiere de una inscripción.

1. Histeria versus neurosis de angustia

Desde *La etiología de la histeria* (Freud, 1896d), el amarre
significante localiza al cuerpo y lo hace advenir simboli-
zante. Fecundidad de un conflicto que vía el síntoma alien-
ta la posibilidad de transferencia. Hacer hablar al cuerpo
constituye el horizonte en el cual asienta la clínica inicial
con la histeria. Lo nuevo que introduce gira alrededor del
juego de fuerzas en el cual la defensa anticipa al inconsciente. En lo que atañe a la conformación subjetiva, el sujeto histérico queda dividido y el yo siente como ajeno al
síntoma cuando este se ha constituido como tal. La con-
versión imprime un sesgo peculiar con lo inconciliable que
hiende al yo y hay lugar para un afecto penoso. Así, destinos diferentes se avizoran, el divorcio entre la representación sexual y su afecto deviene central. Una separación
justifica lo inédito de un conflicto que delata la división.
Empero, fue necesario agregar las condiciones. Los trau-
mas infantiles producen efectos retardados {*nachträglich*}.
Lo crucial es que la huella no deviene consciente sino que
lleva a la represión. La vivencia pasiva en la *Carta 46* adelanta un mal encuentro, "sin excedente sexual la defensa

no produce neurosis alguna" (Freud, 1896b: 270). Como producto de la articulación, es no-inhibible. Así, la escena deviene condición de anterioridad lógica para el proceso de la represión subjetivante. El primer tiempo mudo se recupera en el segundo que inscribe al primero. El sujeto queda determinado por esa conexión, más allá del yo.

¿Cuál es el valor de la diferencia etiológica inicial para la subjetivación? Con la comparación entre histeria y neurosis de angustia seguimos el hilo de la interrogación sobre el displacer eficaz en la represión. En el *Manuscrito K* se esboza enigmática una fuente independiente de su desprendimiento. Así es que, presente, ella puede dar vida a las percepciones de asco, prestar fuerza a la moral. Se basa en el modelo de las neurosis de angustia, en las cuales "una cantidad proveniente de la vida sexual causa una perturbación dentro de lo psíquico, cantidad que en otro caso habría hallado diverso empleo" (Freud, 1896c: 262). Llevado a discernir las perturbaciones en juego, establece una diferencia inicial: "En vez de un procesamiento psíquico interviene una desviación de la excitación hacia lo somático; [...] mientras que en la histeria es psíquica" (Freud, 1895: 114). Contrapuesta la etiología, en las neurosis de angustia el cuerpo es soporte siniestro de un exceso que irrumpe desviado, transgrediendo la posibilidad de elaboración psíquica. Hay allí un desvío directo que obliga a interrogar la relación peculiar al deseo. Para ello la distinción entre la excitación somática y la libido como placer psíquico es crucial. Apartándose del reino de la sustitución, el ataque de angustia sin representación asociada deriva directamente en perturbaciones corporales.

Varios son los rasgos distintivos que, en la neurosis de angustia, estorban el procesamiento psíquico. Entre ellos, la tensión acumulada, el estallido y el desvío abusivo sostienen una aprehensión ominosa del cuerpo. Presencia

siniestra carente de velos y rodeos normativos que se exi-
gen para el acceso al goce. De este modo, los estados de
angustia reconducidos a excesos no admiten derivación
psíquica y advierten sobre la incapacidad para reequilibrar
la excitación endógena. Así, la cuestión del deseo adquiere
su particularidad, "la neurosis de angustia se conjuga con
[...] aminoramiento [...] del placer psíquico" (Freud, 1895:
107). Se trata de una tensión desviada impedida de cobrar
vigencia como libido.

Con la teoría de la defensa, la condición de ser sexual
asegura a la representación el ser reprimida. Así, al constituirse en inconsciente, sostiene la división, crea enigma y
deviene historizable. Inédita temporalidad, no inscribible
en las coordenadas kantianas, la retroacción y sus efectos, recusa todo sesgo de positivización. Son los recuerdos
inconscientes los que sostienen la eficacia de una actualidad sin la cual no hay localización de sujeto ni posibilidad
de subjetivación.

2. La marca de la pulsión y el ideal

Con el pasaje del trauma a la fantasía, Freud transita de
la pulsión al narcisismo. A la luz de la teoría de libido, es
crucial la marca que deslinda un mundo interior y saca al
sujeto de la impunidad (Freud, 1915b). Una lógica inédita
se funda allí donde se incorpora la legalidad de lo parcial;
circularidad de un trayecto de retorno que dibuja bordes
erógenos. Entre la ida y la vuelta, se revela un vacío. Habrá
lugar allí para el deseo.

Así, con el desvío inicial al otro del lenguaje, la
introducción de la subjetividad separa la realización del
deseo: "Cuando el estado de deseo inviste de nuevo el
objeto-recuerdo [...] la satisfacción por fuerza faltará, por-

que el objeto no tiene presencia real sino sólo en una representación-fantasía" (Freud, 1950: 370). La naturaleza psíquica del desear requiere de una experiencia de pérdida, de separación.

Con la paradójica satisfacción, se conjuga el deseo con un objeto que, situado detrás, no es un objeto en norma: "Toda vez que el objeto originario de una moción de deseo se ha perdido [...] suele ser subrogado por una serie interminable de objetos sustitutivos, de los cuales, empero, ninguno satisface plenamente" (Freud, 1912: 182). Ahí la experiencia de la falta adquiere su fecundidad con el axioma fantasmático. La necesidad vira sobre la necesidad de repetición con valor subjetivante. La pulsión, en virtud de lo simbólico, introduce la doble función de órgano. Órgano-fuente es el trozo de cuerpo elevado a su valor significante. En calidad de orificios, conlleva la fragmentación del autoerotismo que requiere del lazo como fijación parcial. Empero, en la diacronía del progreso libidinal, la anarquía pulsional requiere de un acto. La construcción de diques reactivos adelanta a la represión, cuando Freud formalice su estatuto primordial.

¿Cuál es el valor subjetivo de la serie autoerotismo-narcisismo? Un acto de represión acota las pulsiones singulares. La pulsión sostiene el goce de un cuerpo localizado en virtud de lo simbólico, pero no otorga unidad. ¿Qué relación se plantea entre la represión y el ideal en la conformación narcisista? La conformación del narcisismo requiere del ideal que pone en juego a la identificación primaria y convoca al otro del amor. Empero, hay quienes han interiorizado esa instancia y otros que no. De tal incorporación depende que el ideal devenga el más fuerte favorecedor de la represión (Freud, 1914). Así, su operación como articulador simbólico impone un distanciamiento sin el cual no serían posibles los desplazamientos que contrarrestan la sobre estasis patológica en el yo. La fecundidad del narcisismo secundario, en tanto un desprendimiento ha sido posible, consiste en mantener excluido al primario. El ideal propicia esa exclusión y sostiene el milagro de los saludables desplazamientos.

Ahora bien, si la serie en cuestión deviene una articulación fundamental, su disimetría plantea complicaciones a la hora de su anudamiento. El goce autoerótico librado a sí mismo atenta como fenómeno del dolor. La nueva acción psíquica que brinda ilusión de unidad deviene esencial, no sólo porque a su alrededor se juega el destino del deseo, sino porque conduce a la distinción del yo ideal respecto de su núcleo. Si bien "el anudamiento con lo normal es procurado por la sobreestimación del objeto sexual" (Freud, 1905: 139-140), cierto grado de fetichismo pertenece al amor normal. De este modo, el narcisismo secundario incluye un desprendimiento que sostiene la reversión vivificante del yo al núcleo.

3. Fantasma masoquista

¿Cuál es la función que adopta el fantasma para la subjetivación? Un acto de represión interrumpe la sexualidad infantil, empero, puede conservarse en el trasfondo de un desarrollo normal al que sustraerá cierto monto de energía (Freud, 1919b). Se ubica allí una secuela cicatricial que el Edipo deja tras su expiración.

Ahora bien, que sea del goce perverso de donde el fantasma extrae su materia obliga a distinguir lo normativo del campo de la perversión. Como rasgo primario releva la condición fetichista que anudada al objeto en norma se viene soslayando desde temprano (Freud, 1905). Encontramos ahí el eje para argumentar sobre la función

subjetivante del fantasma que, al articular el lazo al objeto parcial, soporta la división deseante. Con dicho lazo, el
narcisismo tiene un límite. Algo resiste y, a su vez, permanece investido. El sujeto queda así prometido a una
certidumbre que lo enfrenta a algo extraño. La re-unión
del sujeto con el objeto connota una alteridad radical que
va más allá. Freud escribe *Lo ominoso* (1919a), y allí, con
el punto *heim,* articula la ajenidad de un cuerpo; muchas
veces, asiento de graves complicaciones. La represión primaria plantea un doble límite: la fijación al representante
insustituible deja un resto que vale como pérdida de la
mítica satisfacción plena. ¿Cuál es su relación con el lazo
fantasmático? Si no es lícito sexualizar los motivos de la
represión (Freud 1919b), el núcleo inconsciente abre brecha para situar el fundamento estructural del inconsciente,
ese yo-cuerpo que resta y se articula con la fijación fantasmática. Con la inflexión de la pulsión de muerte será
necesario ubicar el masoquismo, esto es, la satisfacción en
el displacer. Escena pasiva, cuerpo mortificado. Un goce se
refugia en ese cuerpo que persiste; no sin displacer, pero
regulado. Así pues, en la trama argumentativa de *La represión* (Freud, 1915a) asoma una interrogación que focaliza
una preocupación clínica. El lazo de la pulsión al objeto
plantea una intimidad topológica particular como lugar
que el sujeto deberá habitar con toda clase de vacilaciones,
si es que ha de seguir la huella de su deseo.

Con el lazo fantasmático y el yo articulado al núcleo,
es posible reflexionar sobre el anudamiento de registros
disímiles: "El yo es sobre todo una esencia-cuerpo; no
es sólo una esencia-superficie" (Freud, 1923a). Empero,
habrá que contabilizar un riesgo, que el yo se constitu-
ya en único objeto de amor. Es necesario el resto. ¿Cómo
se adelanta la esencia del masoquismo? Estamos tomados
por un cuerpo que creemos uno, sin embargo, el fantasma

también nos recuerda que la escisión y el anudamiento al goce hacen del cuerpo otra cosa. Con la inflexión de la pulsión de muerte, un núcleo que no es libido redefine el trauma y como fijación inconsciente al mismo impone un punto de exterioridad sin el cual no hay orientación subjetiva. El lazo fantasmático encuentra ahí su lugar. El fantasma anticipa el lugar estructurante que tendrá el masoquismo. Con el masoquismo, el sujeto narcisista es permutado por identificación en un yo ajeno. En el marco del fantasma, reconocerse como objeto es siempre masoquista. El fantasma como nudo en la economía libidinal convoca la escena pasiva del masoquismo en que el cuerpo se percibe separado del goce. En esto radica la dificultad. Se ilumina así la lógica de la fantasía de paliza. El ser azotado implica la conjunción de culpa y erotismo y funda la esencia del masoquismo como satisfacción de meta pasiva (Freud, 1919b). El enigmático masoquismo sostiene una modalidad de satisfacción en el dolor, paradójica y extraña. En la línea femenina como escenas de goce son traumáticas ya que convocan la ajenidad de un cuerpo por la cual, no sin vacilación, la vida cobra un sesgo inédito. La escritura del lazo fantasmático detiene el desplazamiento infinito del deseo. El sujeto cuenta como objeto y, así escindido, no le da la espalda al goce. La gloria de la marca con el corte que introduce suspende al sujeto. La esencia de un yo-cuerpo deviene soporte de la enunciación deseante. Detenido allí el sujeto, efectos feminizantes, sólo cuenta como objeto, esto es, se confronta con algo extraño, radicalmente otro. El goce se plantea así como una relación con el cuerpo que se funda en una exclusión que al mismo tiempo bonifica al sujeto. ¿Qué lugar ocupa allí la angustia?

4. Neurosis traumática: omisión de una señal

Si la pulsión de muerte conmueve los cimientos de la teoría que Freud viene construyendo, el displacer rige la pregunta que ordena la trama de *Más allá* (1920). La repetición desligada de la transferencia constituye la novedad, pues, al anudarse al goce, deviene campo *princeps* de lo subjetivo.

¿Qué aportes introduce la comparación entre la histeria y neurosis traumática? Las escenas traumáticas infantiles retornan, pero esta vez para poner en comparación la histeria con la neurosis traumática de guerra. Su mayor padecimiento la aleja de la histeria donde alumbra lo morigerado. El insistente fracaso conjugado al reiterado terror se reconduce a la fijación inconsciente al trauma. Con el trauma externo, hay lugar para ese exterior-interior del objeto de borde de la pulsión parcial. Interrogar la norma que regula la economía de goce conduce a la metáfora de la barrera protectora y advierte sobre las posibilidades defensivas: "El yo trata el peligro pulsional como si fuese un peligro externo emprende [...] una represión. [...] Así se consigue defenderse del peligro [...] no se confunde impunemente el adentro con el afuera" (Freud, 1926b: 189-190). Con la eficacia de la marca se evita un displacer mayor: "Se llega a estados insoportables cuando las exigencias pulsionales del ello no hallan ninguna satisfacción" (Freud, 1926b: 187). Entonces, si la metáfora protectora es el paradigma del éxito defensivo en la represión histérica, la neurosis traumática deviene paradigma de su fracaso. Lo nuevo es que se repiten situaciones indeseadas, una compulsión esfuerza a ello, no se lo puede evitar. Así, impresiones desagradables hacen del dolor la brújula. Se avizora una satisfacción donde displacer y dolor dejan de ser advertencia para devenir meta (Freud, 1924a). En consecuencia, si la psiconeurosis se organiza frente al terror experimentado ante la inminencia del deseo, es otro el problema cuando ese terror no cesa y el masoquismo se organiza como moral, necesidad de castigo. Cuando no funciona la señal, la angustia es producida como algo nuevo por condiciones económicas. Se puede "concebir la neurosis traumática común como el resultado de una vasta ruptura de la protección antiestímulo" (Freud, 1920: 31). El terror que no cesa, subvierte al deseo y es paradigma de lo contrario a lo morigerado. Freud se apoya en dos constelaciones:

> La conmoción [...] fuentes de la excitación sexual, y [...] el estado patológico de fiebre y dolores ejerce, mientras dura, un poderoso influjo sobre la distribución de la libido. Entonces, la violencia mecánica del trauma liberaría el quantum de excitación sexual, cuya acción traumática es debida a la falta de apronte angustiado. (Freud, 1920: 32-33)

Como excepción al cumplimiento del deseo, se sostiene en un conflicto del yo. Aquí no se trata del deseo. El desborde energético desorganiza en demasía e impide la regulación. Es necesario acotar el exceso, construir un marco frente a lo hipertrófico ruinoso. Con la perturbación, un nombre para el goce, el fracaso de la ligazón adquiere carácter demoníaco: "Procesos no ligados primarios provocan sensaciones mucho más intensas [...] que los ligados [...] secundarios" (Freud, 1920: 61). Es otra la tarea. La ligazón como acto preparatorio, esto es, anudar psíquicamente las cantidades que penetraron violentamente a fin de propiciar su tramitación. En tal sentido los sueños de las neurosis traumáticas demuestran el esfuerzo de recuperar esa ligadura. Con los avances de *Más allá*, ¿cómo vuelve en 1926 la neurosis de angustia?

La pregunta freudiana por el displacer contrario a la norma de placer retorna en *Inhibición, síntoma y angustia* (1926b), pero de otro modo. Con la compleja trabazón entre lo corporal y lo anímico, restablecidas las anheladas contigüidades, avanza para interrogar las neurosis psicógenas y somatógenas. Dicho de otro modo, retornan las neurosis actuales, empero, los progresos muestran que se afloja el nexo entre angustia y libido. Con el núcleo interior, "el yo es por cierto el sujeto más genuino: ¿cómo podría devenir objeto? [...], sin duda ello es posible. [...] una parte del yo se contrapone al resto. [...]. Los fragmentos parcelados pueden reunificarse luego" (Freud, 1933b: 54). Así, aflojado el nexo antedicho, se introduce la novedad, pues es la angustia la que crea a la represión. Recordemos que otro tipo de desórdenes diversos a la histeria lo conducen en esta dirección que, sin anular la anterior concepción, lo orienta hacia el fundamento. Entonces, ¿cuál es la esencia de la angustia y su relación con el cuerpo? Lo displacentero no es suficiente:

> Percibimos en la angustia sensaciones corporales [...] no nos interesa la fisiología de la angustia, bástenos con destacar algunos representantes [...] las más frecuentes y nítidas son las que sobrevienen en los órganos de la respiración y en el corazón. (Freud, 1926b: 125)

De este modo, al separar angustia de la libido, deviene crucial la diferencia entre los diversos peligros que contienen la advertencia y la situación traumática. Así, la histeria se reconduce al logro de un grado de organización psíquica que conlleva la diferenciación entre el yo y el ello: "Consigue defenderse del peligro por el momento, pero no se confunde impunemente el adentro con el afuera" (Freud, 1926a: 189-90). Aquí se evita la situación traumática. También puede ocurrir que, frente a la exigencia pulsional, el sujeto puede apelar a otros modos de defensa donde el desarrollo de angustia requiere de un juicio diverso. La mediación del trabajo que liga psíquicamente no aclara otras situaciones contrarias: "quedaría sin esclarecer allí el carácter paralizante del dolor [...] sin la mediación del aparato anímico" (Freud, 1920: 30).

Así, en ciertas neurosis se constatan estados previos de una angustia en suspenso. Especial interés revisten los ataques de angustia. Freud infiere por diversos cuadros que la angustia nunca proviene de la libido reprimida. Con ello lo crucial es recordar que en el tiempo inicial de la neurosis de angustia, Freud no contaba con el distingo entre el yo y los procesos que ocurren en el ello. Así, transgrediendo la norma del placer,

> No es descartable que en caso [...] de perturbación abusiva [...] de la excitación sexual, de desviación de su procesamiento psíquico, se genere directamente angustia [...], vale decir, se establezca aquel estado de desvalimiento del yo frente a una tensión hipertrófica. (Freud, 1926b: 133-134)

Con estas reflexiones podemos decir que, si bien es cierto que el síntoma actual puede ser el grado previo para el desarrollo de una psiconeurosis, también hay casos donde esto no sucede, o bien, puede derrapar en contrainvestiduras que atentan contra el deseo. En el capítulo primero hemos destacado a la acumulación como elemento *princeps* de la neurosis actual. ¿Cómo vuelve la acumulación a la luz de las nuevas conjeturas? Con el valor estructurante de la angustia, al distinguir la reacción directa y automática de la señal de peligro, sucede que el desvalimiento del yo se reconduce a una acumulación impedida de tramitación. Así, la situación traumática reaparece como descendiente directa de la tensión no procesada. Lo crucial allí es que con la acumulación, el exceso impide el normativo pasaje del goce al deseo. Ahora bien, si toda neurosis es en lo elemental una neurosis traumática, desde ahí se articulan cuestiones etiológicas que interesan para nuestros fines. La reacción automática corresponde a la situación de peligro originaria, vale decir, se realiza en las neurosis actuales y la señal corresponde a las psiconeurosis. Recordemos que la inmediatez recusa la entropía que caracteriza la recuperación legal del goce en tanto lo hallado nunca es lo pretendido. Con el antecedente del dolor corporal, Freud distingue de lo reprimido "la moción nueva no puede más que obedecer a la compulsión de repetición" (Freud, 1926b: 144). El factor cuantitativo es decisivo para el desenlace.

Cuando no opera la represión, el dolor se equipara a las consecuencias derivadas de la denegación de satisfacción a la demanda pulsional, cuestión que puede conducir al estallido directo. Así, las pulsiones esfuerzan a la satisfacción inmediata sin miramiento, lo cual conlleva graves daños. El superyó severo se contrapone al yo, lo trata como a un objeto y "a menudo le da un trato harto duro" (Freud, 1926a: 209). Advertir ese punto de lo insoportable deviene crucial. Solo con el fortalecimiento y la alteración normativa del yo, los procesos de ligadura aseguran el imperio de la norma de placer y el deseo.

En 1926, la interrogación sobre el motivo último del padecimiento neurótico conduce a la falla de una función. Se refiere al gobierno del yo sobre el ello y la necesidad del desarrollo de una suficiente organización yoica que opere como sede del afecto de angustia. Un atravesamiento es determinante para que un sujeto se angustie. Por tanto, es un progreso necesario el pasaje de la angustia automática a la señal, empero, cada uno tiene cierto umbral más allá del cual su aparato anímico fracasa en el dominio sobre volúmenes que aguardan trámite. La inmediatez del estallido se conecta con el desvalimiento del yo, pues ocurre que la adultez no ofrece protección suficiente contra su retorno.

Todo depende de qué modo un sujeto puede responder a él. Así, con esa angustia mantenida en suspenso, Freud reivindica sus antiguas elucidaciones.

Para concluir, historicidad versus síntoma actual equivale a oponer lo inconciliable que anticipa a la pulsión, a una práctica genital que elide la erogeneidad de un cuerpo localizado soporte de goce. Así, el síntoma actual, impedido el trabajo psíquico, no se inscribe en el reino de lo reprimido y la sustitución. Vale decir, recusa toda retroacción subjetivante y se excluye de la sobredeterminación psíquica. Esta, como entramado simbólico, establece los determinismos psíquicos en cuyo desplazamiento se sostiene la historicidad subjetivante para todos y cada uno. A diferencia de ello, los efectos directos plantean la inmediatez, que, a expensas de lo simbólico, hace del cuerpo pedazo de carne a ser gozado en la impunidad de la falta de toda orientación subjetiva.

La perturbación económica se conecta al desvalimiento psíquico como núcleo genuino del peligro, un punto insoportable de ausencia de significación. Aun si la tarea de la neurosis es la defensa frente a la percepción peligrosa, es necesario que el peligro amenace de afuera y que el sujeto crea en él. Exterioridad de la castración cuyo legado es a la identificación al Padre. La conformación del yo y el grado de su desarrollo devienen factores esenciales para hacer frente a las demandas pulsionales sin daños ominosos, obscenos. Así, el estatuto de la contrainvestidura define si ha de tratarse de desórdenes somatógenos o psicógenos. Podemos concluir entonces, que el análisis de las neurosis traumáticas de guerra, designación que abarca afecciones de diversa índole, condujo al resultado de que ellas participan de los caracteres de las neurosis actuales (Freud, 1926b). Se trata de una angustia que se mantiene en suspenso que no encuentra línea de corte que al posibilitar el ahuecamiento normativo en el yo haga apertura a un afecto que advierta al sujeto, implicándolo. ¿Qué relación se establece entre identificación y marca negativa?

Marca negativa, reencuentro
y subjetivación

Con la realidad psíquica, entre lo olvidado y el núcleo de nuestro ser, se avizora el fundamento último de lo subjetivo, "lo inconsciente es lo psíquico [...] real, nos es tan desconocido en su naturaleza interna como lo real del mundo exterior [...] por las indicaciones de [...] órganos sensoriales" (Freud, 1900b: 600). Las ficciones veraces del deseo encuentran su justificación en una negación que, como envés del inconsciente, hace perecer todo sueño de unificación. La fecundidad de una marca que, al establecer un exterior excluido, saca de la impunidad, abre la promesa de un rodeo en el cual lo hallado nunca será lo pretendido. Reencuentro signado por la decepción; empero será en esa diferencia donde reste el factor pulsionante y el deseo pueda emprender su vuelo.

1. Del signo perceptivo

En la *Carta 52* se intenta investir un signo perceptivo, señuelo de una pérdida que atrae. Se avizora un trazo negativo como principio de la sobredeterminación, es decir, de lo simbólico. La "conciencia-pensar secundaria es de efecto posterior {nachträglich} en el orden del tiempo" (Freud, 1896a: 275). Así, la memoria se presenta sujeta a reescrituras. He aquí cómo se adelanta el sentido de la subjetivación: "nuestro mecanismo psíquico se ha generado por estratificación sucesiva, pues de tiempo en tiempo el material preexistente [...] experimenta [...] una

retrascripción {Umschrifi}" (Freud, 1896a: 274). Desde allí
se abrirán para todos y cada uno, las posibilidades de inscripción y reinscripción subjetivante. Con ello, la *Traum-
deutung* advierte sobre una lógica temporal que subvierte
las categorías kantianas y se sostiene en la fijación de un
signo que jamás devendrá consciente. Sólo desde esa lógica de la retroacción es posible pensar la construcción de un
sujeto del deseo inconsciente. Un sueño: "el padre estaba
[...] muerto, sólo que no lo sabía" (Freud, 1900b: 430) marca el horizonte de la primera tesis. Como impronta negativa vale como enunciación inconsciente inédita que recusa
todo saber sobre el ser. Con dicho señuelo que atrae, no
se busca conocer un objeto, no se apunta a la localización cronológica del acontecimiento, sino al reencuentro.
A partir de su inscripción sólo hay rodeos. Así la repetición
deviene subjetivante y se sostiene en un rehallazgo en el
cual se constituye como perdido.

　　¿Qué relación se plantea entre la marca y lo subjetivo?
Con la metapsicología, la esencia de la represión consiste en un rechazo (Freud, 1915a). Lo reprimido primordial
como saber en fracaso deja caer un resto que asegura el
acceso al goce recusando la inmediatez. El defecto es lo
normativo para la satisfacción como ganancia en pérdida.
Lo directo debe estar prohibido. En *La negación* (Freud,
1925a) se traza lo inédito del modo de concebir lo subjetivo. Un interior de particular extrañeza, punto de exterioridad sin el cual la imperfección estructural carece de legi-
timidad. El ser vivo indefenso adquiere una inicial orientación al distinguir estímulos para los que vale la huida,
y otros esforzantes {Drang}: "Estos estímulos son la marca
de un mundo interior, el testimonio de unas necesidades
pulsionales. [...] ser vivo habrá adquirido así [...] un asidero
para separar un afuera de un adentro" (Freud, 1915b: 115).
La pulsión como marca en lo psíquico localiza al cuerpo en

fragmentos erógenos. El legado es a una marca simbólica. Lo distintivo en lo subjetivo se desliza hacia el hecho de que la Cosa en el mundo se encuentre ahí. Freud articula el *Nebenmensch*. Así, para la aprehensión de la realidad "es sobre el prójimo [...] aprende [...] a discernir" (Freud, 1950: 376). El *Nebenmensch* separa una parte constante inasimilable de otra variable, comprendida por un trabajo mnémico. Entonces, entre la instancia de realidad y la ley del placer hay una correlación dialéctica bajo el efecto de esa ley invisible constituida por el núcleo, *das Ding*. El discernimiento requiere de una escisión. Un yo muy inicial y más antiguo introduce una hiancia que, reconducida a una buena marca, localiza un afuera-adentro. Con esa distinción según una marca objetiva se muda en un yo-placer que pone el placer por encima de cualquier otro. El mundo exterior se le descompone en una parte de placer que él se ha incorporado y en un resto que le es ajeno. Y del yo propio ha segregado un componente que arroja al mundo exterior y siente como hostil (Freud, 1915b: 130-131).

Con las novedades de 1900 el aparato psíquico sólo puede desear, el deseo arranca del displacer y apunta al placer. También la experiencia de satisfacción conduce a otro supuesto, a saber, que la acumulación de la excitación es percibida como displacer. Así, el dolor cuenta como algo a ser rechazado. Se promueve un rodeo, "un nuevo principio en la actividad psíquica; ya no se representó lo que era agradable, sino lo que era real, aunque fuese desagradable" (Freud, 1911a: 224). Esta actividad apunta al rodeo para modificar el mundo exterior. Es necesario el rodeo y la ficción para que el deseo emprenda su vuelo de pájaro celeste. Una ética inédita cierne su esperanza allí. Esperanza que no es consuelo, y tampoco ilusión sino empuje hacia el bienestar y el progreso.

¿Cuál es la novedad en *La negación?* El fin del examen
de realidad no consiste en hallar en la percepción objetiva
un objeto que corresponda a lo representado, sino reencontrado (Freud, 1925a). Se trata de lo inédito del modo de
concebir lo subjetivo. Desde el *Proyecto,* el reencuentro de
objeto {*Die Objektfindung*} se dirige al campo del *das Ding*
como debiendo ser reencontrado (Freud, 1950). Se supone una pérdida que no es real, retroactivamente se instala
como perdido. Recusando las categorías kantianas, es un
interior de particular extrañeza que requiere de la función
del objeto perdido. De este modo, lo esencial de la función
del juicio es la creación del símbolo de la negación. Así,
con la fecundidad de una marca endopsíquica, el fantasma
nos orienta hacia un objeto que recusa todo conocimiento
¿Cuál sería allí la certidumbre? Extraña certidumbre que
obliga a diferenciar creencia de certeza.

1.1. Convicción versus creencia

El fantasma, como secuela cicatricial, lleva a un cierre.
Resto fantasmático cuyo legado es a la gloria de una marca
endopsíquica. En 1900 el ombligo como punto de cierre es
límite a la palabra y delata su fundamento, lo no reconocido, lo imposible de reconocer. Así, la herida de la castración es su testimonio. Finalmente, los fenómenos residuales no desalientan a Freud respecto de los beneficios de un
análisis donde se conjuga bienestar y deseo.

Para Lacan la función de la palabra difiere del lenguaje
como hecho. El dicho no es campo de equivocidad. Secuela cicatricial, gramática fija que pone límite al todo-decir.
Así el fantasma nos orienta hacia un objeto que recusa
todo conocimiento ¿Cuál sería allí la certidumbre? Extraña
certidumbre que obliga a diferenciar creencia de certeza,
de convicción.

Si el fantasma vale como secuela cicatricial es necesario revisar el Edipo. Reflexionamos así sobre la creencia y la convicción a la luz del anudamiento del complejo de castración. ¿Qué papel juega el falo allí? Si el falo se conjuga con la problemática del ser y tener, la presuposición y desmentida tiene que ser dañada por un efecto simbólico que incida sobre lo imaginario. Así, el complejo confronta con la falta y anuda. Ahora bien, si el encuentro con el falo se da en lo imaginario, es con el pasaje al falo simbólico que la creencia adquiere otro sesgo para la subjetivación. Para tenerlo es necesario no serlo. Ser el falo debe estar prohibido, empero, si la prohibición es necesaria, se requiere de la amenaza que debe ceder de la madre al padre para devenir terrorífica y por ello mismo creíble. Entonces, el sujeto transita el entramado edípico que, en tanto ficciones veraces, complacen al sujeto para arribar a un punto en el cual la imperfección estructural se demuestre. ¿Cómo se deciden las vicisitudes de la subjetivación? Al síntoma se le supone un saber porque se cree allí. Sesgo de creencia que se extiende a toda formación del inconsciente cuando esta hace enigma e interroga al sujeto. Empero, si el síntoma permite creer ahí es porque un goce refugiado tiene como soporte al cuerpo. Desde ahí un malestar subjetivo justifica la fecundidad de la queja y el pedido de ayuda. Empero, en la creencia uno se regocija. El riesgo es que lo verdadero adormezca. Por ello, debe contar algo más.

Desde 1900, *La interpretación de los sueños* nos advierte que Freud pretende encontrar en los sueños la confirmación de lo inferido en la neurosis. Empero, los límites y fracasos atraviesan su escritura. El despertar de los sueños de angustia hace obstáculo a su primera tesis de realización del deseo. Cuenta allí una demasiada sensación de realidad que agujerea a la realidad psíquica. Ahí el sujeto se confronta con la angustia cuya fecundidad

radica en el encuentro con lo indestructible que cuestiona
la hegemonía de la realidad psíquica en su fundamento
último no reconocido. El deseo no es solo metafórico y
desplazable. Ahí, la certeza de la angustia deviene esencial
para toda subjetivación. Sin la angustia que afecte al sujeto, ¿cuál sería la certeza subjetiva que lo orienta? De este
modo, si el síntoma permite creer ahí es porque un goce
refugiado tiene como soporte al cuerpo. La relación del
sujeto al goce requiere del naufragio; la gloria de la marca lo hace posible. La novedad en *Más allá* (Freud, 1920)
trae huellas primordiales que lindan con lo doloroso, por
ello la compulsión de repetición plantea desacuerdo. Desligada de la transferencia, la repetición se anuda al goce
y deviene campo *princeps* para la subjetivación. ¿Cuál es
el verdadero acontecimiento? El entendimiento del tabú
arroja luz sobre la naturaleza y génesis de la conciencia
moral. Así, la conciencia moral pertenece a aquello que se
sabe con la máxima certeza (Freud, 1913). Con la ceguera
de Edipo, culpa trágica y parricidio se conjugan en el efecto terrorífico de la amenaza. Huella de la prehistoria que
articula al padre celoso. Fecundo despertar que, desde el
fundamento, permite la confrontación con la certeza de la
angustia cuyo objeto es el del corte que no engaña. Edipo
no carga con la pena, no se trata del penar en demasía, sino
que decide y paga el precio. Un acto lo autentifica. Desde
ahí, hay lugar para la castración subjetiva que estructura
al deseo ofrendándole su causa última. Edipo es necesario,
pero en el ocaso, es necesario su heredero. Más allá de
creencia, la castración requiere que el peligro amenace de
afuera y así se pueda creer en él (Freud, 1933c).

2. Lo insoportable, el factor moral

> Si nuestro paciente sufre de un sentimiento de culpa, como si hubiera cometido un grave crimen, no le aconsejamos hacer caso omiso de esa tortura de la conciencia moral [...] una sensación tan intensa y sostenida no puede menos que fundarse en algo efectivamente real. (Freud, 1926a: 178)

Para Freud, desde el inicio, un impedimento justifica la ominosidad del síntoma actual, allí cuando la excitación sexual somática no deviene libido psíquica (1895). Para Lacan, donde el deseo es expulsado tenemos masoquismo (1973-1974). Ahí no se trata de placer sino de un goce ruinoso que abruma al sujeto. Por su parte, para Freud, el neurótico es pecador en exceso. ¿Cuál es el alivio? Sólo proviene del lazo al Otro con la mediación de la palabra.

Si la subjetividad se focaliza en el primado del falo, su caída no es desviación ni derrape transgresor a expensas de lo prohibido. Para Freud el sentimiento de nuestro sí-mismo incluye una mismidad, cuyo legado a la gloria de una marca no me da identidad ni respuesta totalizante sobre el ser. El maestro no resuelve la eterna pregunta filosófica sobre el ser; sólo pretende no agotarla en una conciencia todo-poderosa que cerraría la idea de lo psíquico, ni en la religión como ilusión. El poder confesarse la propia nimiedad nos ofrenda una forma de ser inédita. Así, la angustia crea, en el instante mítico, el trauma de castración, peligro exterior como el auténtico acontecimiento. El acontecimiento es allí estructural. Empero, las maneras de responder a él son múltiples y variadas.

Lo cierto es que la transmutación subvierte la norma; es necesario el re-fuerzo filogenético para que lo vivido devenga acontecimiento en tanto certeza subjetiva. En *Moisés* (Freud, 1939), la revisión del trauma recupera la escena pasiva que, conjugada a las fantasías primordiales, convoca un patrimonio filogenético sin el cual no hay mutación subjetivante. La prueba contundente de ella la constituyen los fenómenos residuales cuyo legado es al Padre. Entonces, si la moral requiere del ocaso para no devenir patógena, el ideal como el más fuerte favorecedor de la represión consigue evitar el derrape obsceno y transgresor. Con lo impersonal el núcleo puede incorporarse sosteniendo al yo que deviene agujereado.

¿Cuál es la génesis de la certeza subjetiva? Que el peligro devenga exterior y el sujeto crea en él es lo que exige la castración para el logro de sus efectos. Es preciso que haya recorrido antes el destino de la represión, pasado por el estado de permanencia dentro de lo inconsciente, para que con su retorno se desplieguen efectos tan poderosos (Freud, 1939). No se trata de un convencimiento racional sino de efectos. Que en el ocaso haya inscripción conlleva un acto de pérdida. Fecundidad que, en virtud de la marca simbólica, abre brecha y causa el trabajo poiético, elaborativo. Si al decir de Lacan sólo hay relaciones incestuosas o asesinas, el superyó proscribe el goce incestuoso cuando hay sepultamiento e incorporación. La ley no es lo mismo que la interiorización de la ley[5].

La marca en tanto endopsíquica subvierte y cumple la función de sacar al sujeto de la impunidad; así hay posibilidad de elaboración psíquica y subjetivación. Un acto lo ha hecho posible. Sólo cuando el acontecimiento deviene verdadero hay subjetivación. Los deseos, en su expresión última, más allá de la realidad psíquica, tienen otras formas de existencias: lo no reconocido. Más allá de los representantes psíquicos la convicción no es creencia. Otra realidad despierta. Si la apuesta del narcisismo es a

---

[5]   Trabajo presentado por la autora en el curso de Antropología (Prof. Cecilia Hidalgo) en la Maestría en Psicoanálisis, Universidad Nacional de la Matanza, UNLAM (2009).

un desprendimiento, "Lo ominoso del vivenciar se produce cuando [...] parecen ser reafirmadas unas convicciones
primitivas superadas" (Freud, 1919a: 248). ¿Cómo se plantea el factor moral?

Las neurosis traumáticas de guerra permitieron inaugurar un nuevo espacio de conflicto. ¿Cuál es la complicación aquí? Lo normativo es que la endeblez inicial del yo
tiene que avanzar hacia una progresiva fortaleza. Si es un
progreso necesario el pasaje de la angustia automática a la
señal afecto, esto no es evolutivo. Para ello, el yo tiene que
haber adquirido la organización y fortaleza necesaria para
escindirse y reunificarse. La relación con algo que deviene
hueco en el cuerpo requiere de la gloria de la marca que
haga corte y saque de la impunidad al sujeto, impunidad
que, a la luz de la segunda tópica, vale como situación traumática. Empero, pueden presentarse complicaciones a la
hora de la transmutación antedicha. Con el conflicto entre
una parte del yo y la instancia crítica, lo complicado es
que el yo se someta al imperativo categórico pasivizándose
en demasía. El superyó se exterioriza como sentimiento de
culpa y puede desplegar contra el yo una dureza y severidad extraordinarias.

Para concluir, repetición y reencuentro se conjugan
para honrar a la función del objeto perdido. Su legado es
a las virtudes del Padre y el rechazo normativo. Reencuentro implica volver a encontrar en la retroacción el objeto
originario como perdido. El resto se obtiene al final cuando el límite opera en Nombre del Padre. Así, la creencia
es necesaria, empero se requiere de la convicción que no
proviene del conocimiento ni de la realidad psíquica, sino
de una extraña certidumbre que toca al cuerpo allí donde
se conjuga ajenidad y milagros.

La angustia es lo fuera de duda dado que no es sin objeto. Si el objeto es el del corte, ahí se recusa al engaño y el legado es al Uno. Por ello, deseo y acto se conjugan para inaugurar una ética inédita. En ella la convicción sobre la existencia del inconsciente nos hace incautos para no errar.

Segundo movimiento: aportes de Lacan sobre la función del Uno

Angustia, deseo y función del Uno

El deseo [...] conduce [...] a la mira de la falla donde se demuestra que el Uno sólo depende de la esencia del significante. (Lacan, 1972-1973: 13)

La trama argumentativa que trazamos se orienta por el modo en que opera el significante en la génesis subjetiva. Con el supuesto del sujeto efecto del significante interrogamos la función del Uno en la subjetivación. El problema es el de la entrada del significante en lo real y el de ver cómo de ahí nace el sujeto.

1. Significante, estructura, discurso

Si el "inconsciente [...] tiene [...] una estructura de lenguaje" (Lacan, 1959-1960: 45), se trata de un decir que historice al sujeto. Hablar no equivale al decir. Lacan toma del discurso jurídico en francés *sujet*, que significa súbdito. Sólo se deviene sujeto en virtud de la sujeción al campo del Otro. Con el inconsciente tramado, tejido de lenguaje, el significante desempeña el papel fundamental. Destacando la función connotativa por encima de la referencial, "la relación del significante y del significado dista mucho de ser [...] bi-unívoca" (Lacan, 1955-1956: 172). Con la primacía del significante, como elemento material sin sentido, el significado es mero efecto del juego de los significantes: "Sin un conocimiento exacto del orden propio del significante y de sus propiedades, es imposible comprender [...] no digo de la psicología [...] sino ciertamente de la experiencia psicoanalítica" (Lacan, 1955-1956: 373). Por ello, el psicoanálisis apunta a penetrar más allá de lo imaginario y trabajar en el orden simbólico para tocar algo de lo real. El inconsciente así concebido se trata de los efectos fundados en un núcleo real que implica al sujeto. Lacan advierte sobre la trampa de creer que el lenguaje está hecho para designar las cosas. Por el contrario, la letra mata la Cosa. El significado no equivale a las cosas en bruto, es un orden no dado de antemano. La significación remite siempre a otra significación. La condición significante es que esté inscripto en un sistema. Su sentido varía según su posición en la estructura. La noción de estructura y la del significante son inseparables.

Así pues, que algo pueda conmover al sujeto en la línea de la palabra verdadera hace diferencia con la palabra plena sentido (Lacan, 1976-1977). Hablar no equivale al decir. Se trata de un discurso que incluye el lazo del que habla a lo que dice. Si no hubiera vínculo social fundado por un discurso, esto sería inasequible. El significante solo se refiere a un discurso, es decir, un modo de utilización del lenguaje como vínculo. Sólo así la subjetivación es posible. En la cadena de significantes se construyen y organizan las formaciones discursivas. Allí se conjugan inconsciente, estructura y significante. Para el autor una estructura excede con mucho a la palabra. La noción de estructura incompleta halla su justificación en la definición misma del significante. Mediante el lenguaje puede inscribirse algo que va mucho más lejos que las enunciaciones efectivas. La represión primaria así lo anticipa. La barra hace que el significado se deslice y sólo se detiene con los puntos nodales que localizan al sujeto.

1.1. Sincronía y diacronía

¿Cuál es el valor que adquiere la sincronía y la diacronía para la constitución del sujeto del deseo inconsciente? Si un significante es lo que representa al sujeto para otro significante, es con este axioma que Lacan marca la diferencia del sujeto psicológico. Por ello, es crucial interrogar los ejes de la sincronía y diacronía: "En el análisis de la relación entre significante y significado, aprendimos a acentuar la sincronía y la diacronía, [...] la noción de estructura y la de significante se presentan como inseparables" (Lacan, 1955-1956: 262). La noción de estructura incompleta halla su justificación en la definición misma del significante. Así, existe una dimensión sincrónica y una diacrónica. Situamos la distinción entre la definición del significante y su función en la cadena.

En el eje sincrónico, los significantes se definen como pura diferencia: uno es lo que el otro no es: "Cuando habla, el sujeto [...] hay primero un conjunto sincrónico, la lengua en tanto sistema simultáneo de grupos de oposiciones estructurados, tenemos después lo que ocurre diacrónicamente, en el tiempo, que es el discurso" (Lacan, 1955-1956: 83). Se trata de una alternancia estructural donde la repetición es repetición de la pura diferencia. Como sistema de oposición significante, no tenemos aquí efecto-sujeto. El sujeto se presenta dividido pero no aún, representado como falta en ser en la cadena. Entonces, en este eje sincrónico se instituye un sujeto en un espacio fuera, lugar de ausencia de representación, campo del objeto, en tanto Cosa. Lacan habla de una afirmación lógicamente previa a la negación. En alemán *Bejahung*, afirmación, denota el acto de simbolización, la inclusión de algo en el universo simbólico. Sólo después se le puede atribuir o no el valor de la existencia. Vemos, así, que Lacan apunta a un más allá de la definición del significante. La diacronía de la cadena conduce a un significante que representa al sujeto para otro significante. Aquí se trata de la dimensión temporal retroactiva. El S1 (significante amo) para un S2 (significante del saber) como operación constituyente del sujeto no es exacta. Deja un resto que es producto de la operación misma. Así, el aislamiento del petit a surge en la relación del sujeto con el Otro y se constituye como resto: "Es el sujeto hipotético en el origen [...]. El sujeto tachado [...] se constituye en el lugar del Otro como marca del significante. [...] (en) esta operación hay un resto, es el a (Lacan, 1962-1963: 127-128).

¿Cuál es la condición de la diacronía? Lacan plantea que son necesarios tres tiempos para dar cuenta de la constitución del sujeto. La intervención del S1, como representación del sujeto, no implica la aparición del sujeto como tal, más que al nivel S2, del binario. El S2 significante afanísiaco borra al ser. Como sujeto del inconsciente opera como verdad reprimida y constituye un determinismo fundamental en la historicidad de todo ser humano. El efecto sujeto requiere de la serie y de la retroacción. Lacan recurre a la escritura para situar el Uno cuya función es la del trazo unario, marca sin la cual no habría serie de sustituciones, vale decir, metáfora paterna. El Uno que la experiencia del inconsciente introduce es el uno de la ranura, del rasgo, de la ruptura. Aquí brota una forma no reconocida del uno, el Uno del *Unbewusste*. El límite es el *Unbegriff*, que es el concepto de la falta. Huella significante del sujeto de la enunciación que no coincide con el enunciado (Lacan, 1962-1963). Extraña temporalidad, en la que se conjuga discurso y retroacción para que allí emerja el sujeto como falta en ser en la cadena.

Para Lacan si el inconsciente es el discurso del Otro, es allí donde el deseo emprenderá su camino intentando significarse. Así, es necesario el Uno para que el deseo conduzca a la falla. Sólo ahí la diacronía sella su esencia, a partir de la cual habrá enunciación deseante.

2. Deseo: alienación-separación

Con la dialéctica alienación-separación y la mira puesta en la relación del Uno con el deseo y la subjetivación, nos interrogamos: ¿qué relación hay entre el Uno y la constitución del deseo?

Si el deseo es deseo del Otro, este sólo puede situarse por la alienación en la relación con el lenguaje. Con la dialéctica alienación-separación la demanda deja un resto metonímico que se desliza debajo. Es en el residuo donde el deseo equipara al sujeto con el objeto: es un objeto el que desea (Lacan, 1962-1963). He aquí la complicación, pues para el deseo no se trata de un objeto delante. La realidad sexual del inconsciente nos lleva a un límite por el cual el a, colocado en el campo del Otro, deviene posibilidad de transferencia. Ahora bien, si la alienación se afirma con la separación, nos interrogamos por la doble cuestión que impone la alienación en la constitución subjetiva. Ello nos orienta para reflexionar sobre la relación del Uno con el deseo y la subjetivación.

Así, junto al pasaje al acto de la alienación, el campo significante desdoblado en campo de pulsión incluye una alienación que pertenece a otro registro. Por la pulsión se accede al goce del cuerpo, empero es el Uno unificante el que otorga unidad y conlleva la alienación al otro como semejante. Convocado el otro del amor, el gesto de asentimiento del adulto adquiere para Lacan un valor decisivo.

Empero, no todo el investimiento libidinal pasa por la imagen especular. Hay un resto. Así, la función del yo ideal y del ideal del yo se constituye en el eje para interrogar la relación del sujeto con el Otro. Los rasgos fálicos del Otro serán inferidos pudiendo habilitar en el niño la interrogación que lo desaloje de su posición inicial de objeto:

> El sujeto aprehende el deseo del Otro [...] en las fallas del discurso [...] y todos los porqué del niño [...] constituyen una puesta a prueba del adulto, un ¿por qué me dices eso? [...] que es el enigma del deseo del adulto. (Lacan, 1964: 222)

De este modo, si el deseo se constituye como punto nodal de una configuración subjetiva inédita, la clave asienta en la pregunta *¿qué quieres?* Con el deseo como deseo del Otro, el problema es que el deseo del Otro plantea desacuerdo. El deseo de toda demanda es deseo de preservar el vacío. Sólo si no hay Otro del Otro, la demanda al rodear un vacío, en su raíz última, apunta a mi propia pérdida. El deseo mantiene su lugar en el margen de ella. Si la subjetivación implica la instauración de la dialéctica del deseo y este se conjuga con la ley, es necesario un más allá que conmueva al sujeto. El sujeto debe poder tocar su límite. ¿Cómo se articula el deseo con las delicias por la muerte y cuál es su relación al Uno?

El horizonte de los aportes de Lacan asientan, de modo crucial, en el *Más allá del principio de placer* (Freud, 1920). El *Más allá* avizora un campo donde el sujeto indica un punto límite de ignorancia. Con la pulsión de muerte el deseo no es sólo metafórico. Su fundamento último no-reconocido convoca a un Otro radical: no hay Otro del Otro: "El imperativo de la segunda muerte está presente [...] el no sabía [...] en la línea de la enunciación fundamental [...] del inconciente" (Lacan, 1960-1961: 119- 120). Se trata de la aspiración a aniquilarse para inscribirse en los términos del ser. Si el deseo conduce a la falla, ahí demuestra que el Uno depende de la esencia del significante, esto es, hay hiancia y total recusación del ser. Ser es olvidar. Vemos que Freud no resuelve la eterna pregunta filosófica por el ser. Lejos de entregar una respuesta colmante, abre brecha hacia una falla por la cual la angustia adquiere un estatuto estructurante del deseo. Con las cuestiones atinentes al valor de la vida, la pulsión recusa una relación natural. La inscripción de la muerte sólo lo es en tanto significante. El no lo sabía como enunciación conlleva la relación con la articulación significante. No se trata de la posesión de un objeto, sino de "la emergencia a la realidad del deseo en cuanto tal [...] desgarramiento [...] extraña herida" (Lacan, 1960-1961: 81). Herida y extrañezas de la castración se conjugan para que la experiencia de la falta rinda homenaje al deseo. Dignidad que impone la castración subjetiva en virtud de la cual un goce es rechazado. Así, la gloria de la marca alumbra en lo que se produce como pérdida. En este punto interrogamos el fantasma soporte del deseo.

3. Fantasma soporte del deseo

¿Cuál es el rol del fantasma en el anudamiento subjetivo y su relación con la función del Uno? Sujeto tachado rombo a orienta hacia un lugar indecible, en tanto que en él, el sujeto se disuelve. Por el compromiso con la dialéctica significante, hay siempre algo separado, la libra de carne. De lo que se trata en el deseo es de un objeto, no de un sujeto, un objeto ante el cual vacilamos. Lo fundamental se juega por la parte separada: "este objeto debe concebirse como la causa [...] está detrás del deseo" (Lacan, 1962-1963: 114). Así el sujeto deja de estar ligado a la vacilación del ser, propia de la alienación. El tú me pegas convoca al sujeto dividido por el goce. Se juega la función del resto irreductible con el objeto del corte, "la libra de carne, que debe ser tomada, como dice el texto de *El Mercader*, de muy cerca del corazón" (Lacan, 1962-1963: 238). Así, el *a* implica un exterior anterior a toda interiorización y pertenece al lugar de la causa. Para Lacan, la articulación del no soy como dimensión inconsciente lo es en tanto resto de la estructura gramatical. Se relaciona, así, con la esencia del Ello, que no dice sino muestra lo que allí despierta. En este punto, como deser, cuento como soporte que no es significante. El *Je* está excluido del fantasma y es allí donde este podrá surgir. Es necesario el saber en el lugar de la verdad, cuestión que no equivale a lo verdadero y falso de la ciencia. Así el deseo adquiere consistencia, se plantea como deseo del Otro. ¿Qué relación se juega entre el fantasma soporte del deseo y el amo (S1)?

Si en el corazón de la revolución freudiana alumbra la negación haciendo operar el límite en nombre del padre, Lacan es conducido a poner en relación el fantasma con el S1, el significante amo. Del yo sé que pienso, *Selbstbewubtsein* al trauma freudiano, como un Yo no sé, hay un salto cualitativo. Lacan resalta que la yocracia que caracteriza al amo clásico. Al ser ciego en su fundamento, alberga la ilusión de un sujeto unívoco. Pues en él se elide la negación que desde el origen marca la división. Es desde el discurso del analista de donde puede surgir otro estilo de significante amo (Lacan, 1969-1970). Con el nuevo estilo de amo el sujeto no es unívoco, está representado y a la vez no lo está. La hegemonía del significante impone disyunción: enunciado-enunciación. Una vez que el amo ha sido fundado subvierte la lucha por el puro prestigio. Con el saber interrogado en función de verdad, el discurso del inconsciente conduce a un amo que se inmoviliza. Así, al proferirse el significante, se espera de él lo que es efecto de vínculo. Enganche recusado por el amo clásico que sabe lo que quiere. Puesto en el lugar de la producción, el S1 al connotar a un S2 podrá encontrar su lugar para representar a esa cosa a la que queda reducida el sujeto. No hay metalenguaje. Punto complicado de confrontación con la escena traumática feminizante en la cual el sujeto queda suspendido, escindido por el goce. Lo importante aquí es que el acceso al goce no es directo. Sólo cuenta a partir del a como resto producido por la entrada en el Otro. Se impone otro destino. El sujeto desarrumado de lo simbólico reaparece en lo real. ¿Qué relación tiene el fantasma con la angustia?

3.1. Fantasma: tiempo de la angustia y deseo

Si la subjetividad se focaliza en la caída del falo,

> ...es la caída [...] de la operación subjetiva, en este resto, [...] el objeto perdido. Con esto nos enfrentamos, por una parte en el deseo, por otra parte en la angustia. [...] la angustia en un momento lógicamente anterior al momento en que lo hacemos en el deseo. (Lacan, 1962-1963: 175)

Lacan vincula la constitución del deseo con la dialéctica de la castración. Con el tiempo de la angustia siempre elidido, que requiere ser reconstruido, se trata de un punto opaco para atravesar; hiancia donde se sitúa la angustia entre deseo y goce. Así, el fantasma como soporte del deseo no es espejismo. Lacan resalta el carácter peligroso, de amenaza en tanto el objeto está detrás: "El deseo se instituye en la transgresión. Es más allá de la frontera franqueada que comienza el deseo" (Lacan, 1961-1962: 275).

La angustia en ese tiempo estructurante tiene que poder ser atravesada. Esto deviene crucial a la hora de toparnos con casos en los que la relación con el deseo está perdida. En ese tiempo constituyente el sujeto censurado deviene corte de a; esto es, trozo caído de la operación constituyente. Así, la raíz reconduce a algo separado, sacrificado. Sucede que en cuanto Eso se sabe, hay algo perdido. Resto sin facticidad, pero en él, se enraíza el deseo. Esa parte corporal de nosotros mismos con función parcial, "Es tu corazón lo que quiero y nada más" (Lacan, 1962-1963: 233). El *a* como causa no es vanidad, ni desecho. Ambos suelen ser refugios para el neurótico; tanto para el psiconeurótico que logra evitar el deseo como para otras neurosis en las cuales la relación al deseo se encuentra perdida.

Si Lacan vincula la constitución del deseo con la dialéctica de la castración, la angustia no es sin objeto. Como objeto de corte, al agujerear, anuda. En la escena traumática, el Otro se hiende. Ahí la angustia no engaña; emergencia del a, hiancia central que separa. Se descubre ahí, para Lacan, ese tope que es la angustia de castración. Así, nos enfrentamos con la angustia en un momento lógicamente anterior al que lo hacemos con el deseo. Ser garantía de la castración del Otro es lo insoportable. El paso de la imagen especular al doble que se me escapa, he ahí la emergencia del a (Lacan, 1962-1963). Sentimiento de extrañeza ante el cual el sujeto vacila. Un franqueamiento es necesario para que el deseo se libere. Así pues, con el objeto detrás, la angustia es postulada como su traducción subjetiva. ¿Cuál es el problema allí? Es determinante la castración fálica. Con el narcisismo secundario, la señal como fenómeno de borde en el campo imaginario del yo requiere del yo-escindible. Hay allí posibilidad de ahuecamiento; al devenir el objeto perdible, habrá lugar para la seriación normativa de los objetos parciales. Será posible entonces, que el goce se recupere por canal legal y no por modos directos, ominosos.

Con la función del objeto parcial, clave del deseo, Lacan sitúa al falo como función central que permite situar lo que se distingue de él (Lacan, 1960-1961). El acento de objeto separable, perdible, son rasgos que se despliegan en el objeto fálico como un blanco en la imagen del cuerpo. Así se connota la posibilidad de reducirla al estado cesible. Para Lacan, todo lo que es narcisista debe ser concebido como raíz de la castración.

Para concluir, la esencia invisible del significante otorga el verdadero sentido a la diacronía. Inédita temporalidad que funda a un sujeto solo cuando S2, significante del saber, deviene afanisiaco. Allí ser es tan sólo olvidar y el olvido está en la base de la lógica que subyace al trabajo elaborativo del inconsciente. Es necesario que algo se demuestre. Lo metafórico y desplazable del deseo es insuficiente a la hora de la verdad de aquel. El *a* como resto irreductible a la simbolización depende del Otro para articularse. Ese objeto es el principio que me hace desear. El objeto está perdido desde siempre; pero tener idea sensible de ello es otra cosa. El legado es al significante que es corte. De este modo, la función del objeto como pedazo separable vehiculiza algo de la identidad del cuerpo, y antecede a la constitución del sujeto deseante.

Función del Uno y subjetivación

El sujeto se toma por Dios, pero es impotente para justificar que se produce del significante, [...] S1 y aún más [...] que ese S1 lo representa junto a otro significante. (Lacan, 1976-1977: 50-51)

Para reflexionar sobre la función del Uno en la subjetivación, citamos, en principio, la diferencia entre mundo y escena. El primero como lugar donde lo real se precipita, se diferencia de la escena (Lacan, 1962-1963). En ella como portador de la palabra el sujeto accede a una estructura de ficción. Lacan sitúa el proceso de subjetivación en tanto el sujeto se constituye en el Otro. Ahí el sujeto se historiza. Cae la realidad como mundo percibido como tal. Se requiere de lo ficcional. La inscripción en el Otro decide las vicisitudes. No hay realidad prediscursiva; ella se funda en un relato cuando el enganche al Otro ha sido posible.

La lógica freudiana de la castración como lógica del sexo connota una falta que se sitúa en un orden lógico. Todo hombre se inscribe por la función fálica pero hay un límite. Lo femenino carece de un significante congruente que la inscriba. La función del no-todo es un punto crucial: "Lo subjetivo es algo que encontramos en lo real" (Lacan, 1955-1956: 266). En una estructura guiada por el deseo como deseo del Otro, la doble cuestión de la demanda llevada al extremo conduce al ¿qué me quiere? Punto difícil en el cual el Otro viene por mi ser, quiere mi angustia. Si no hay Otro del Otro, lo real amenaza en el fundamento último. Ahí me pongo deseante. Con el pasaje de lo imaginario a lo simbólico, la herida narcisista es retomada para resaltar la fecundidad de la castración fálica. Un precio hay que pagar si se pretende, con la puesta en función del significante fálico, acceder a la poiesis del más Uno.

1. Función del Uno

Comenzando por la función del Uno, para luego interrogar su relación con la subjetivación, giramos alrededor del supuesto "el individuo afectado de inconciente es [...] sujeto de un significante" (Lacan, 1972-1973: 171). Partiendo de algunas conjeturas vertidas por Lacan sobre la cuestión del Uno, abordamos su relación con la subjetivación y tomamos la advertencia citada en el epígrafe para interrogarla. Por este sesgo se aborda al sujeto con la génesis del significante. En principio, *Más allá del principio de placer* (Freud, 1920) y *Psicología de las masas y análisis del yo* (Freud, 1921) parecen inspirar de modo decisivo. El dualismo conjuga una posición inédita; si el Eros no es sin *Thánatos*, empero, el Uno pone en tela de juicio la diada. A su vez, el rodeo por la masa deviene esencial para concebir al sujeto en ciernes. Así, el un existe Lacan lo infiere del *rasgo unario, Einziger Zug* (Freud, 1921). El sujeto cuenta antes de coleccionar. Lo decisivo es el Uno despegado de lo cualitativo que decide la entrada en lo real. Traza que se traza es lo que falta para pensarse agotado por el conocimiento. Diversos interrogantes puntúan esta argumentación. En principio, ¿el rasgo unario es un significante? Si bien no lo es, empero, "es con este aparato del rasgo unario como se constituyeron como sujetos" (Lacan, 1962-1963: 31). Así, el Uno en su comienzo vale como rasgo en soledad que repite sin contarse: "En el nivel del Otro podrán situar [...] los acontecimientos, la puesta en escena, [...] el inconsciente estructurado como un lenguaje" (Lacan, 1968-1969:

207). Sin embargo, el Uno no es el Otro. El Otro no se adiciona con él. Lacan parte del *un Otro* (1968-1969). El Uno del significante inscripto en el Otro es condición necesaria para que un sujeto se enganche. Es en el Otro donde toma lugar el significante que no existe más que como repetición. Empero, en la repetición hay límite; relación determinante del Uno con el efecto de pérdida.

En el *Seminario 19* el sujeto del Uno no equivale a uno es. *Haiuno* no marca la existencia sino que interroga esa existencia misma. Vemos ahí el sesgo por el cual se funda el Uno de la inexistencia, "Lo que sólo existe no siendo" (Lacan, 1971-1972: 133). La dimensión a-posteriori conlleva la suposición de que inexiste como tal. De repente el Uno se encarna en el Otro y permanece indeterminado; en lo que toca al saber es fracaso. Así pues, con el *Haiuno* Lacan se desliza en el marco del sujeto de un significante al que reconduce la afectación del inconsciente. Retomando la advertencia del epígrafe, ¿cuál es la complicación? Con el ser siempre allende el sujeto de un significante, no es más que puntual y evanescente (Lacan, 1972-1973).

De este modo, si el individuo afectado de inconsciente es el sujeto de un significante, se articula con un significante que representa a un sujeto para otro. Con la lógica del Uno y la retroacción, la relación S1-S2 no es relación de representación. Si el S1, el amo releva al Uno, este subsiste por representarse ante el segundo uno que está en el Otro. En virtud del Uno separador, S2 afanisíaco garantiza que un sujeto se verifique como verdadero. Es necesario que se escriba Uno que barra al Otro. ¿Qué relación tiene el Uno con el cuerpo?

1.1. Uno, letra, cuerpo

Si el Uno no es el Otro, ¿cuál es la función del Uno y su relación con el Otro en los orígenes? Si el Otro se alcanza, sólo por intermedio de ser la causa de su deseo, Lacan remarca tres tiempos en la constitución del sujeto. Con la duplicidad que introduce la relación del sujeto al Otro, el sujeto se hiende por ser, a la vez, efecto de la marca y soporte de su falta. Cuando el significante redobla su intención de significarse a sí mismo, no hay acto sexual. Como efecto de vacío, la pura estructura de lenguaje lo cierne. Otro radical separado de sí, no idéntico a sí mismo. El cuerpo como lugar donde se inscribe la marca significante. Cuando el Uno irrumpe, se trata del cuerpo fragmentado que existe en los orígenes subjetivos. Con la pulsión los objetos en las fronteras funcionan a nivel de los bordes y vienen de otra parte que no es significante. Así pues, Uno introduce la falta radical: "El conjunto vacío es el Otro como lugar de toda inscripción significante, y que su primera forma [...] es el cuerpo [...] vaciado de su goce" (Lacan, 1975-1976: 209). Hay un Otro radicalmente Otro: no hay Otro del Otro. El Uno del conjunto vacío, el S(A), significante del Otro sin barrar es el A inaugural. Marca de una identificación primaria que funciona como ideal. Así, el sujeto de la marca está dividido y el goce excluido.

El primer Otro, radicalmente Otro distinto de sí, vale como Uno separador cuya esencia real es aquello que del inconsciente se traduce como letra (Lacan, 1974-1975). Si el Otro es "el entre" (Lacan, 1971-1972: 68), más allá del entre dos, la esencia del Uno vale como identidad aislada de toda cualidad. Uno no equivale a su fundamento. Ella, la letra, hace borde litoral y al ser real se inscribe de otro modo: S (Atachada). Si la función del Uno es encerrar agujero, la letra como esencia invisible feminiza y sitúa dominios. Al hacer borde litoral, anuda imaginario y real. Así, el

Uno al producirse vale como señuelo y escribe tan sólo un signo de lo real. Ser agente de lo imposible a-vergüenza. Caída del saber, punto de subversión que dignifica una existencia cuando lo real resopla con vientos que vienen de otra parte que no es significante. No hay metalenguaje. Lo escrito se construye como efecto del lenguaje. Así la no relación logra, por el instante, restituirse al discurso. El legado es al Uno por el cual, en tanto saber en fracaso y efecto de pérdida, hace de la repetición el campo *princeps* de lo subjetivo. Cuando el Uno se produce, no es unívoco. Si el Uno introduce el no hay acto sexual, la castración no es historia ni anécdota, es una estructura subjetiva esencial al sujeto.

Hemos partido del supuesto de la afectación inconsciente en el sujeto de un significante (Lacan, 1972-1973); si giramos a su alrededor para vincular la función del Uno con la subjetivación nos preguntamos por la función del Padre en ella. Con el nuevo amo, Lacan afirma que "Existe al menos uno para el cual la verdad de su denotación no se sostiene en la función fálica" (Lacan, 1971-1972: 44). La lógica del Uno retoma ese Uno que se inmoviliza. Como significante amo de la muerte, lo releva el Padre que impide la aspiración totalitaria de lo simbólico. Desde ahí, un punto subversivo interroga al saber en su función radical. Saber perdido (*Urverdrängt*), lo reprimido desde siempre. La promoción a la subjetividad consiste en pasar toda mi fe y amor al Padre. Terceridad normativa en tanto orden simbólico. ¿Qué lugar ocupa allí el Edipo? El significante fálico no tiene correspondiente en el inconsciente; la realidad sexual carece de proporción. Ella, en los límites se inscribe S (Atachada). Así es que, porque existe lo simbólico, la castración es necesaria. Con el mito de *Tótem y tabú* (Freud, 1913), el acontecimiento es estructural. El principio del significante amo es la castración. Una inscripción se hace posible. Padre muerto equivale a goce prohibido en su fundamento. Solo hay migajas. Si el Padre mítico es aquel que apela al goce puro, Lacan advierte que lo mismo dice el superyó: ¡goza!; orden imposible, imposible es lo real. Llegar o no a ser el Padre tiene precio. De este modo, un acto de inscripción en la carne, incorporación oral canibalística se reconduce a la significación última del Padre y se ubica en el origen de toda historización subjetiva. Ahí radica la fecunda infatuación del Uno, que, como señuelo, es signo de lo real.

2. Uno, agujero, goce

Uno no es igual a su esencia. Esta lleva al origen, en tanto falla en ser. Sólo la pura diferencia posibilita la entrada en lo real. La repetición de lo mismo, al inscribirse, produce diferencia, esto es, escritura del Uno y reescrituras subjetivantes.

El decir verdadero impone otra Cosa que el significante, el legado es a la función del Uno. Así, Lacan retoma el lugar de la repetición, pues en ella es donde se engendra la pérdida como plus de goce, ese efecto real (Lacan, 1969-1970). Como irrupción en campo prohibido, el acceso al goce es por el *a* que simboliza la pérdida. La separación es un tiempo lógico de la alienación que si bien a veces puede faltar, cuando se produce hay lugar para la sabiduría del goce.

Si todo pensamiento se piensa por sus relaciones con lo que se escribe de él, es necesario no darle la espalda al goce. En los límites, ese goce aparece evocado en la coyuntura del acto imposible; más allá de la norma, se trata de agujero, vacío. Por el Uno, en el discurso hay hiancia. Se trata de trazar su contorno. Con el resto caído del significante, el escrito interroga a lo verdadero. Es necesario otro goce que el goce fálico. Cuando el Uno alza vuelo, encamina a la ex-sistencia en un afuera que no es (Lacan, 1971-1972). El Uno deja caer un resto que espera al sujeto para su exilio. En el tropiezo un saber extraño conmueve. Lacan sitúa ahí lo limítrofe del goce femenino, mítico. Ajenidad de un cuerpo que resuena cuando la pulsión sopla otros aires que los del significante.

La coacción del significante fuerza al significante a su fundamento. Si Eso toca en lo verdadero, hay Uno que no une. Horror al saber, el sujeto por el hecho de hablar, goza y no quiere saber nada de Eso. Es necesario atravesar ese punto. Hiato de la verdad del deseo ante el cual el neurótico recula queriendo reescribir la unidad del Otro (Lacan, 1968-1969). Si la solución es ser el Padre, con los aportes de Lacan, la identificación es necesaria pero para ir más allá. Ella es no-toda y se lo recuerda a la función fálica, inscribiéndose como S (Atachada). Hiancia radical, no hay Otro del Otro.

3. Uno y subjetivación

Si el Uno asegura la unidad de la copulación del sujeto con el saber, "El neurótico pone en tela de juicio lo que atañe a la verdad del saber, y lo hace precisamente en el hecho de que el saber depende del goce" (Lacan, 1968-1969: 303).

La función del Uno, ¿qué novedad introduce para la constitución subjetiva y la subjetivación?

Con el estatuto primario de la pulsión de muerte, se trata de realidad psíquica inscripta. Una práctica orientada a lo real conduce de la suposición de saber a la producción del S1 que da comienzo a la sustitución. Así, la subjetivación, deviene otra cosa, y "a partir del momento

en que hay juego de inscripciones, marca del rasgo unario, se plantea la cuestión" (Lacan, 1969- 1970: 191). Lugar
inédito del S1 a producir. El discurso analítico encuentra
allí su justificación.

La repetición, como campo *princeps* de lo subjetivo,
conlleva rodeos ficcionales que aseguran el acceso al goce
por el *a* como resto caído. En el reencuentro hay separación que, en tanto verdad de la alienación, implica pasaje
por el a como basura decidida (Lacan, 1975-1976).

Sólo por el resto se accede al goce sin saberlo. Alteridad radical en la cual deviene asible la castración subjetiva.
Una imposibilidad sostiene al reencuentro. Sólo es posible
triebando a la muerte, esto es, lo simbólico girando alrededor del agujero inviolable. La búsqueda se relanza en tanto
Eso no es Eso. No hay progreso (Lacan, 1975-1976), cópula,
reencuentro y rodeos destinan al sujeto a quedar reducido
a la pura marca en su esencia discontinua. Ahí cuenta la
división en acto y su efecto de pérdida que es real.

¿En qué radica la dificultad de justificarse del Uno?
Infatuación del Uno que, como señuelo, me hace ser un
poco ahí. Empero, no sólo en lo que toca al saber es fracaso,
sino que por sus efectos, entrega un saber de otro orden.
La triple determinación del sujeto reconoce a los tres registros RSI[6] igual rango anudante. Si bien los tiempos lógicos
de la alienación-separación dan cuenta del anudamiento
de lo simbólico y lo real, cuestiones clínicas complicadas
condujeron a reintroducir lo imaginario con igual valor
que los demás. La notación menos fi advierte que sin ese
menos esencial nada será posible. Pasaje mediante, sólo
el falo verifica el agujero verdadero. La copulación entre
simbólico e imaginario es la vía necesaria para que el Uno
conduzca al fundamento. Este tiene que demostrarse. Así,

---

6   Real, simbólico e imaginario.

la orientación de lo real forcluye al sentido. El yo deviene otra Cosa; posibilidad fragmentable sin la cual sólo hay infinitud y obscenidad del goce del Otro.

La nominación no es comunicación. Con lo simbólico girando alrededor y consistiendo en el agujero, el núcleo ciñe y genera afectación subjetivante. Creer en el ser por el sólo hecho de hablar hace del acontecimiento un hecho que no equivale a la función de la palabra. Sin necesidad de desgarraduras obscenas, el lenguaje exige dar cuenta de lo que se es. Nombrar apunta al decir como acto. El corte cuestiona a lo verdadero que adormece. Entonces, hay un real que ex-siste al falo y se llama goce (Lacan, 1974-1975). Si el saber depende del goce, el inconsciente ex-siste. Los sucesos vividos no se dan por válidos a-priori.

Para concluir, el cuerpo, en el inicio, vale como lugar de inscripciones. Allí se sitúa el principio de toda posibilidad significante. Alumbra así la lógica del Otro inaugural como pura alteridad del significante. Por su encuentro, el sujeto dividido se designa sólo como distinto, sin ninguna referencia calificativa. Es necesario evocar ese Uno que hace vacilar, caer (Lacan, 1975-1976).

Todo hombre se inscribe por la función fálica pero hay un límite. Lo femenino carece de un significante congruente que la inscriba. La lógica freudiana de la castración como lógica del sexo connota una falta que se sitúa en un orden lógico. Con el pasaje de lo imaginario a lo simbólico, la herida narcisista es retomada para resaltar la fecundidad de la castración fálica. Un precio hay que pagar si se pretende, con la puesta en función del significante fálico, acceder a la poiesis del más Uno. La función del no-todo es un punto crucial: "Lo subjetivo es algo que encontramos en lo real" (Lacan, 1955-1956: 266). En una estructura guiada por el deseo como deseo del Otro, la doble cuestión de la demanda llevada al extremo conduce al ¿qué me quiere?

Punto difícil en el cual el Otro viene por mi ser, quiere mi angustia. Si no hay Otro del Otro, lo real amenaza en el fundamento último. Ahí me pongo deseante. Lo real no equivale a terceridad.

La nominación no es comunicación. Con lo simbólico girando alrededor y consistiendo en el agujero, el núcleo ciñe y genera afectación subjetivante. Ahí la creencia deviene certeza. Si Uno no equivale a su esencia, esta debe demostrarse si es que un sujeto ha de seguir la huella de su deseo. La subjetivación exige otra cosa. Más allá del deseo del Otro, no hay Otro del Otro. La no relación tiene que restituirse al discurso. Si no hay Otro del Otro habrá lugar para lo simbólico con sus leyes metonímicas y metafóricas. Así, con la poiesis del más Uno podrá hacer bordes acotando el goce. Economía del goce sin la cual lo obsceno y transgresor puede conducir a lo peor.

Tercer movimiento:
la subjetivación
en sujetos con infarto

Función del Uno y subjetivación
en los sujetos con infarto

> Es tu corazón lo que quiero y nada más [...] la esencia de tu ser [...] En esta fórmula como en cualquier otra metáfora de órgano, el corazón debe ser tomado al pie de la letra. Funciona como parte del cuerpo, por así decir, como tripa. (Lacan, 1962-1963: 233-234)

El análisis y conceptualización de algunas viñetas de sujetos que han atravesado infarto[7] se ordena siguiendo tres ejes: posición discursiva, situación psíquica previa y efectos subjetivos post-infarto. Los fragmentos seleccionados revisten alta significatividad e ilustran de manera notable los rasgos que caracterizan a la inmensa mayoría del universo estudiado, sobre todo en lo concerniente al tiempo previo y post-infarto.

Si la subjetividad se focaliza en la caída del falo, un punto de irradiación, cimiento del deseo, convoca una presencia fuera de lo especular. Extraña corporeidad que existe, "el yo [...] esencia-cuerpo; no es sólo una esencia superficie, sino, él mismo, la proyección de una superficie" (Freud, 1923a: 27). La ley de la deuda es por "el compromiso de la dialéctica significante, algo separado, [...] la libra de carne, que debe ser tomada, como dice el texto de *El Mercader*, de muy cerca del corazón" (Lacan, 1962-1963: 237-238). Si lo más yo mismo está en el exterior porque fue separado de mí, los caminos para su recuperación cobran

---

[7] El material proviene de una investigación dirigida por la autora, *El trauma actual en sujetos con desórdenes cardiovasculares, específicamente, infartos* (Zanelli, 2014).

posibilidades de variedades eventuales. Vamos a interrogar esas variedades en los sujetos con infarto siguiendo el ordenamiento enunciado precedentemente.

1. Posición en el discurso

Hablar no equivale a decir. Los hechos del lenguaje obligan a admitir que del ser nada tenemos. Por ello, la palabra debe poder mentir para plantearse como verdad. Si el Uno en cuanto al saber es fracaso, más allá de lo verdadero el sujeto se equipara a la falla misma del discurso. Empero, según el lugar en que se ubique la palabra, pueden los discursos, adquirir otro tenor. ¿En qué discurso se insertan los SCI?

Ciertas expresiones verificadas con marcada reiteración nos orientan hacia el lugar que ocupa la palabra en su trama discursiva: "Yo soy cardíaco", "Yo antes... ahora soy un enfermo", "Yo soy un tipo fuerte", "Yo soy un pobre infeliz". Tales enunciados denotan la ilusión de que la palabra los nombre sin resto: "Soy un enfermo, no un Tarzán como me creía", "Soy un estresado", "Yo soy de guardarme, soy reservado", "Para qué ir a hablar, yo sé cómo soy", "Soy de tragarme todo"[8] (Zanelli, 2014).

Con los aportes de Lacan, la audición del *Haiuno* (1971-1972) interroga la correspondencia biunívoca. El sujeto del Uno no equivale a Uno es. Ese Uno que se cree ser donde el sujeto se divide. Cuando el Uno se produce, hay disyunción entre enunciado y enunciación.

---

[8] Todos los fragmentos vinculados a los SCI derivan de igual fuente y constituyen comunicaciones personales.

Los enunciados citados remiten a una yocracia discursiva en la cual la palabra, en una cierta posición, recusa toda equivocidad. Con la pretensión de ser dicho sin resto se opone al anudamiento diacrónico donde el lazo al Otro decide la emergencia del sujeto. En este sentido no ha sido posible verificar al sujeto de la pregunta, esto es, esa dimensión subjetiva que posibilita la distancia del sujeto respecto al uso del significante mismo.

Asimismo, otro rasgo a destacar es la adhesión incuestionada al Otro sin barrar. Resulta así difícil localizar al sujeto hablando en nombre propio. La significación del Otro proveniente del saber médico, referida al estrés, factor este último que constituye casi una invariable en los SCI (Zanelli, 2014), es tomada al pie de la letra, sin cuestionamiento ni dialectización alguna. Citamos párrafos relevantes. Un sujeto masculino de 48 años, convocado a un decir acerca del episodio, expresa:

> Los médicos lo atribuyeron a un estrés profundo, una alteración nerviosa prolongada, un estallido profundo, un desprendimiento de plaquetas del colesterol estacionadas en paredes de las arterias; y por lo tanto un bloqueo de las arterias coronarias.
> E[9]: ¿Usted qué piensa de eso?
> Nada... ¡Es así...! Ellos saben, qué voy a saber yo.

Sujeto femenino de 75 años: "Los médicos me explicaron que fue el estrés. [...] Me dijeron que se debió a muchos nervios [...] Mi marido toma mucho alcohol, y a veces paso broncas, eso me estresa muchísimo, yo soy de tragarme todo".

Podemos conjeturar que los relatos de los SCI se caracterizan como descriptivos, biográficos, circunscribiéndose al nivel del enunciado, cuyo valor de cita resalta

---

9   De aquí en más, "E" indica entrevistador.

lo imaginario de la palabra. Contrariamente a la palabra
verdadera que permite localizar al sujeto, la palabra plena
de sentido puede silenciarlo. Allí no se verifica. Si el sujeto,
para el psicoanálisis, se construye a partir de la lógica del
inconsciente, este como saber hipotético no tiene sujeto
si no es puesto por la conexión de los significantes. Se
supone allí que Uno no sirve más que como representante
del sujeto ante otro significante. Una torsión hace posible
que la palabra pueda mentir y el ser en entre-dicho se
exprese allende la palabra. Vemos que los relatos se presentan exentos de interrogación subjetiva. En este mismo
sentido, la pobreza de producciones del inconsciente se
ha verificado no sólo por la ausencia de equivocidad, de
quiebres, sino también por la dificultad o imposibilidad
de recordar los sueños. Si para el psicoanálisis el sueño
vale como relato, en los casos donde los sueños pueden
ser recordados, estos mantienen su opacidad, no logran
constituirse en enigma alguno: "Jamás recuerdo sueños",
"A veces, alguna vez pero nada", "Yo nunca soñé". Mientras
que en otros casos son desestimados de inmediato: "Si los
recuerdo pronto los olvido... no me significan nada".

Otro aspecto se verifica con notable regularidad. Se
trata de la reiteración significativa de ciertos significantes: acumulación, sumación, estallido, grupos de sucesos.
Sujeto masculino de 68 años decía: "Supongo que fueron
cosas que se fueron acumulando, los especialistas me inte-
rrogaron sobre mi modo de vida, y el stress fue señalado
como factor determinante". Sujeto masculino de 65 años
expresa:

> El estrés laboral y el estrés que vivió uno lo que venía acumu-
> lando, pero [...] en los últimos dos años se juntó... Aparte mi
> papá estuvo enfermo, tuvo hemiplejia [...] no hubo nada que

hacer, no se lo pudo salvar, al año me pasa lo que me pasó, [...] en definitiva es como el refrán criollo. Hay un globo, se llenó el globo y explotó y eso es así.

Sujeto masculino, 58 años: "Capaz que venía todo acumulándose, la comida, yo fumaba y comía cualquier cosa, de lo único que me cuidaba era de comer con poca sal".

Dicha reiteración podría adquirir el valor de representaciones de los SCI acerca del estrés significado por el saber médico. Si bien en algunos casos son referidas secundariamente a diversas contingencias, empero, las conexiones emergen como respuesta a la intervención del otro. Lo llamativo es que tales palabras no hacen llamado, no abren conexiones que den lugar a involucrarse respecto de su participación activa en el desenlace. Así, conjeturamos que podrían revestir el carácter de holofrase. Pues si la alienación se afirma como recurso a la palabra, requiere, para ello, de la separación. A diferencia de esto, la holofrase lleva adherido el significado, esto es, carece de dialectización, de equivocidad. Lacan en el *Seminario 11* (1964) resalta lo específico para una serie de casos, entre los cuales, cuentan los efectos psicosomáticos donde lo peculiar es que, al fallar la separación, no hay afánisis del sujeto.

También se observa que en la mayoría, la referencia a contingencias que podrían conjeturarse como suceso ocasionador surge frente a la intervención del E. Sujeto femenino de 70 años expresaba: "Honestamente, no lo relaciono con nada en particular. Mi familia es sana, los nenes son buenos, mis hijos políticos trabajan todos, no tenemos problemas económicos, porque a pesar de que la jubilación no es mucho, nuestros hijos nos ayudan".

1.1. Modalidades de defensa

Para Lacan ciertas modalidades de la negación, ya exa-
minadas por Freud (1925a), ponen en evidencia el borra-
miento del sujeto o su exclusión en diferentes tipos de
discurso y, por consiguiente, la producción de un sujeto
de la palabra y no sujeto psicológico. Citamos sujeto femenino de 52 años:

> Yo no me sentía mal ni triste cuando me pasó esto, pero unos
> meses atrás tenía ganas de morirme porque mi hijo se había
> ido de mi casa. Discutimos fuerte, ya las cosas no estaban muy
> bien y él dejó la casa. No lo vi por varios meses, fue muy triste.
> (SILENCIO) Al otro día del desmayo, tuve que llevar a mi mamá
> al médico, ella le pidió que me viera porque yo estaba mal.

En muchos casos, a través de la negación se dice aquello de lo cual el sujeto no se ha percatado. Negar algo en el
juicio quiere decir "eso es algo que yo preferiría reprimir"
(Freud, 1925a). Empero, si el Uno es marca de la represión, la renegación reconoce y desconoce la castración al
mismo tiempo. Posición de soberbia que Lacan metaforiza
como canallada.

Otras posiciones evidencian recursos de racionalización obsesiva y oblatividad. Masculino de 48 años expresa:

> En verdad es algo que quiero olvidar, yo no la pasé nada bien
> y mucho menos mi familia. [...] Yo pensaba que esas cosas no
> me iban a pasar a mí, me preocupa mi familia, mi señora. [...]
> Sí, a veces sentía que me ahogaba, que me faltaba el aire, tam-
> bién sentía dolores en los brazos, pero siempre callaba, les puede
> encontrar alguna explicación, por ejemplo cuando me ahogaba
> era porque había fumado mucho, los dolores era por algún tra-
> bajo forzado que tuve que hacer en la casa.

Otra cuestión a considerar es la reacción de los SCI frente al episodio cardíaco. Sujeto masculino de 51 años decía:

> Los episodios que viví siempre estuvieron en relación con problemas con mi exmujer; todo por tener que comerme, obligarme a digerir las incredulidades de mi mujer, pero esto siempre lo aguanté por mis hijos hasta que no pude más. Sentí dolor en el pecho, transpiración fría, falta de aire. [...] Frente a esto no hice nada, no me di ni cuenta de que había tenido un infarto, pero los últimos dos sí lo supe en cuanto estaba teniendo los síntomas, pero igual no hice nada, me dejé caer. [...] El último infarto lo tuve en el trabajo y había pedido retirarme porque no me sentía bien y me contestaron que no me retirara hasta que se cumpliera la mitad de la mañana. [...] Mi actitud frente al dolor es que no le doy importancia, si puedo vivir con el dolor lo hago, sin embargo si este es muy fuerte voy al médico, pero en general no lo hago porque no me gusta molestar a nadie, ni estar diciendo si algo me pasa.

Se verifica aquí un malestar como fenómeno opaco. La reacción asumida frente al episodio cardíaco, en tanto el dolor que aqueja, no hace llamado al otro, sólo da lugar a un dejarse caer, momento en que la desesperación carece de la función señal de angustia. Se suma a ello el rasgo de oblatividad, todo por el otro que viene en auxilio de silenciar al sujeto que no termina de emerger. La aludida incredulidad referida a la esposa retorna como rasgo de carácter en calidad de repetición siniestra de idéntico destino (Freud, 1920). Dicho retorno se activa en relación al otro del contexto laboral con similar incredulidad. Empero, esta vez, el desenlace fatal hubiera podido cobrarse la vida de este sujeto a quien le es negado el pedido de retiro. El sujeto se traga la sordera del Otro sin elaboración ni reacción que pusiera en cuestión la susodicha negativa, favoreciendo así el estallido como respuesta, para conmover la inmutabilidad del Otro.

2. Situación psíquica previa al infarto

2.1. Relación al cuerpo[10]

Sabemos que la apuesta del narcisismo es el a como desprendimiento. Empero, esto no va de suyo. Uno no es el Otro; Uno en el Otro deviene menos fi. Se trata de la función de la falta, ese menos esencial sin el cual nada es posible. ¿Cómo se caracteriza la aprehensión del cuerpo en los SCI?

Un sujeto femenino de 54 años, interrogado acerca de la percepción que ha tenido del cuerpo, expresa:

> En ese momento lo que yo sentí es que me iba hacia un costado. *Sentí un vacío [...] Se me vaciaba la cabeza* y presentí que me desmayaba y [...] y me desmayé.
> E: ¿A qué se refiere con ese vacío?
> Cuando yo estaba delgada y era joven, manejaba bien mi cuerpo: era ágil, ahora lo siento como una masa pesada. Cuando tuve el infarto sentí como que salía de ese cuerpo pesado y me vaciaba.

Otro sujeto masculino de 24 años decía:

> Mi ritmo de vida es acelerado, siempre moviéndome de un lugar a otro, trabajando quizá más de lo común. No soy una persona que sufre por situaciones de la vida, sino que tengo demasiado en mi cabeza. [...] Las dos semanas previas al infarto [...]Reuniones de última hora, problemas familiares [...] Todo se resume entre las cuatro paredes de mi oficina y los *problemas del cada día entrando por mi puerta y simplemente flotando alrededor mío como si yo fuese un vacío infinito.*

Si el cuerpo es a tenerlo, es menester la resolución del conflicto imaginario. El ideal como articulador simbólico es crucial en la distancia que califica al narcisismo

---

[10] De aquí en adelante, la *cursiva* resalta los valores vinculados a las variables: cuerpo, goce, angustia.

secundario. El autoerotismo es primordial pero librado a sí mismo atenta como fenómeno del dolor. Por ello, el anudamiento entre el yo y el objeto parcial deviene una articulación fundamental.

Respecto del dolor corporal se puede generar "una investidura elevada, [...] narcisista, del lugar doliente del cuerpo; [...] aumenta cada vez más y ejerce sobre el yo un efecto de vaciamiento" (Freud, 1926b: 160). Vaciamiento, Yo-cáscara que no alberga ningún soporte real cuya incorporación sostenga la imagen en el marco del narcisismo secundario. Aquí la aprehensión del cuerpo como vaciamiento es presencia siniestra, reducción a ser un puro cuerpo carente de velos imaginarios. Se impone una inmediatez obscena que no equivale al ahuecamiento normativo del yo.

Así, la función de la falta es decisiva. Desmoronado el fantasma, los bordes se desdibujan, la vacilación deviene desmayo. El objeto tiene que devenir separable, libra de carne con función parcial es metáfora cuando la deuda es al Padre. Para ello, es necesario contar con recursos imaginarios suficientes. Cuando hay pasaje de lo imaginario a lo simbólico, el falo pone el acento sobre el órgano en tanto significante, y no designa su fisiología, ni la copulación.

Sujeto femenino de 58 años expresa:

¡Ah! Mi cuerpo funcionó siempre.... Hasta los 55, ¡a full, dale que va! [...] Así vivo. [...] Es como un manto de piedad lo que sufrí toda mi vida. [...] Sufrí mucho. Yo repté, no caminé por la vida. Me arrastré como víbora por mis tres hijos. O sea que repté. Pero jamás los dejé a un lado. Lo sigo haciendo, y es muy malo, porque ahora estoy sufriendo porque los dos se están separando (pausa).

La posibilidad de hacer trazado del borde se ve desdibujada en un cuerpo que se arrastra como objeto indigno. La causa digna del deseo, no es vanidad ni desecho. Con la melancolía, el sujeto deviene objeto desecho. Pues la

sombra del objeto cae sobre el yo y recusa toda aprehensión dignificante del cuerpo. La neurosis narcisista tiende
el puente para pensar el conflicto entre el yo y la instancia
crítica. Morir arrastrándose parece la opción allí cuando el
padecer es lo que causa. De este modo, lo complicado es
que el yo se somete al imperativo categórico del superyó,
pasivizándose en demasía. Necesidad de castigo y superyó
hipersevero se conjugan para impedir todo atisbo de bienestar, sólo el padecer es lo que importa cuando el dolor
ha devenido meta.

2.2. Modalidad de goce

Si todo se juega alrededor del falo, su privilegio como
órgano es que su goce puede aislarse (Lacan, 1969-1970).
Lacan pone en relación el hacerse mal con el goce. Cuando
el Uno irrumpe, el cuerpo cae en pedazos; recortes erógenos de un cuerpo gozante. De este modo, la represión
primaria, como marca que saca de la impunidad, deja un
resto. Dicho resto, como fijación real al objeto, es necesario
interrogar si es que el sujeto no debe dar la espalda al goce.
Empero, ¿bajo qué modalidad se observa la recuperación
de goce en los SCI?

Un sujeto masculino de 57 años, frente a la pregunta
sobre su actitud ante los dolores, responde:

> Estaba con los médicos y pensaba qué macana, le voy a arruinar
> el casamiento a mi otra hija, faltaba poco para que se case, si
> me pasaba algo, era mi mayor preocupación. *Y yo ahí [...] iban
> conectando catéteres y demás, ahí mismo seguían la operación,
> y les dije que sí y como no estaba inconsciente, yo podía ver la
> pantalla y para mí era maravilloso ver mi organismo por dentro
> y cómo me estaban operando y bueno, era como ver una vieja
> película, donde se llamaba viaje fantástico, donde miniaturizan
> un submarino para operar de una aneurisma cerebral a un per-
> sonaje muy importante, que no recuerdo exactamente cómo era
> [...] Para mí fue fantástico, te juro que fue realmente, todo lo que*

me estaban haciendo y yo tratando de ayudar todo lo posible y dándoles ánimo y haciéndonos chistes continuamente, todos, porque era un equipo realmente fabuloso. […] Ellos me decían te va a doler, aguantá, que te va a doler y a mí no me dolía y entonces se reían y yo decía que en realidad, ellos estaban haciendo un buen trabajo, por eso no me dolía y ellos me decían que no, que el umbral que yo tenía de dolor era el de un perro que siente menos que nosotros y nos hacíamos chistes cruzados, en ese momento, pero todo terminó bien. […] Yo sabía que con la vida que llevaba, podía tener ese tipo de problemas, *lo cual pasa que uno siempre inconsciente, piensa "a mí no me va a pasar", aunque le pase a otro, "a mí hoy todavía no me toca".*

Freud, en la metapsicología, nos advierte que un placer directo no puede ganarse con la cesación del dolor, este se torna imperativo (1915a). Sabemos que el acceso al goce no es por vías directas. Con el masoquismo, el sujeto es permutado por identificación con un yo ajeno. El sujeto lanzado al rehallazgo jamás encontrará lo que busca. El factor pulsionante sobrevive en lo que resta y el sujeto accede al goce. Empero, la posición de los SCI frente al dolor es que ellos saben, pero no se afectan. Si el goce es hacerse mal, esto no equivale a una presencia ominosa que abrume al sujeto. En ellos se infiere la ausencia de reacción frente a la violencia del dolor convertido en meta. Pareciera que ni aún el infarto convoca la hora del propio sujeto. Con la oblatividad, no se trata del sujeto, todo por el Otro. Él no está allí y sólo lo está como objeto de goce del Otro, ofreciéndose al espectáculo que no lo involucra. Goce voraz, obsceno a expensas de la marca que haga línea de corte. Ajenidad de un cuerpo que no es propio, ni erógeno.

Sujeto femenino de 52 años enuncia:

¡Ah! Yo las tenía todas: un litro de whisky cada dos días, dos paquetes de cigarrillos por día… Lo que me salvaba era el sexo… Sexo todos los días. […] No me sucedió nada. Sólo estaba desgastada, agotada. Trabajaba 16 horas por día, dormía dos o tres

horas... *Te puedo decir que la sensación divina que es que te dé un infarto, más allá del dolor en el pecho... Es hermoso. [...] No, no me duele nada, yo no voy al médico. Por más malas noticias que me traigan no me duele nada. Soy muy fría. Ese factor me salvó de mucho.*

"Donde el deseo fue expulsado lo que tenemos es el masoquismo" (Lacan, 1973-1974: 56). Goce mesiánico que aspira al todo se opone a la ética y la renuncia que se conjugan para dignificar un cuerpo por la gloria de la marca y su efecto de pérdida. Eternidad divina que, como herida abierta, muestra a aquel que empujado compulsivamente al desgaste y agotamiento se reduce a un objeto deyecto que no es causa de deseo alguno. En este sentido, se ha verificado la repetición de idénticas conductas, acciones activas en la búsqueda del sufrimiento como goce imperativo y cruel. A toda prisa y sin perder tiempo, el padecer como tal es lo que importa. Aquí lo doloroso deviene meta imperativa. Factor moral que imposibilita el paso del goce al deseo. La severidad del superyó se contrapone al yo, lo trata como a un objeto y a menudo puede darle un trato duro y cruel pasivizándolo en demasía.

Un sesgo demoníaco como rasgo de carácter empuja bajo mandatos compulsivos que satisfacen la necesidad de castigo. Los SCI no advierten como prohibido a lo imposible: "Las pulsiones dentro del ello esfuerzan una satisfacción inmediata, sin miramiento, más de ese modo no consiguen nada o aún provocan un sensible daño" (Freud, 1926a: 188). Para Lacan se trata de órdenes a cumplir, *haz esto... haz aquello*, cuya única respuesta es: *oigo*. No se las puede equivocar. Destino fatal, rasgos de carácter que no interrogan, sólo empujan a recuperar goce sin encontrar el límite de un no subjetivante que detenga la compulsión ruinosa y contraria al deseo. Cuando el fantasma falla en su función, hay contrainvestiduras que si bien funcionan como trinchera lo es a un precio desgarrador en tanto a expensas de lo simbólico. Así el efecto psicosomático deviene estallido obsceno y el sujeto queda privado de una bonificación que al ser en pérdida, dignifique.

2.3. Función de la angustia

Uno en el Otro es menos Uno, la función de la falta, es ese menos sin el cual nada es posible. Si la angustia es el afecto central cuya presencia todo lo ordena, ella debe poder situarse en la raíz. Ese punto donde la angustia es corte, corte que se abre y deja aparecer lo inesperado. Para Lacan el deseo es deseo del Otro. La apuesta del narcisismo es el "*a*" como desprendimiento. "Es tu corazón lo que quiero y nada más […], la esencia de tu ser" (Lacan, 1962-1963: 233). Así, en el Otro, ese objeto pasa a representar al sujeto como un real irreductible.

Sujeto masculino de 54 años enuncia:

> *Fue algo repentino*, yo me encontraba descansando y cuando me desperté, realicé algunos quehaceres domésticos y luego comencé a sentirme mal, a transpirar, estaba pálido, *sentía un dolor opresivo era como si alguien estuviese parado sobre mi corazón, como si lo estuvieran presionando*, tenía el cuerpo frío. *En un momento en realidad pensé que no era nada*, no me pareció grave lo que había sucedido. La duración del episodio fue un poco mayor de 20 minutos.

Sujeto masculino, 57 años, expresa:

> Me sorprendió de madrugada, me desperté […] Me intervinieron […] Yo había estado trabajando hasta muy tarde y *me sorprendió, me despertó un dolor muy extraño de pecho...* No tuve miedo para nada, no, estaba muy tranquilo y yo sabía que interiormente, sabía que era muy grave, pero me sentía seguro que iba a salir adelante.

Sujeto masculino de 62 años decía:

No, no me avisó, me tomó de sorpresa. No hice nada, desconocía,
no tenía antecedentes de lo que podía ser, uno tiene una des-
compostura de hígado y ya sabe lo que es, pero de esto no sabía
nada y *no registraba emoción alguna en ese momento*, lo refiere al cuerpo.

Interrogados estos sujetos por el momento del acontecimiento cardíaco, se escuchan significantes tales como
sorpresa, explosión, estallido inesperado. Freud diferencia
angustia-miedo-terror. El terror se produce súbitamente,
sin aviso, sorprende, mientras que en la angustia el sujeto está concernido por un afecto que lo afecta y que lo
advierte.

Como se observa en los fragmentos citados, no hay
señal ni aviso proveniente de un afecto que afecte. Por el
contrario, de repente, con un mal giro al corazón, lo inesperado vira por un sesgo no deseado. Lo familiar deviene
extraño y derrapa en una presencia siniestra a expensas
del menos fi. Por fuera del marco legal del fantasma, esa
presencia ominosa vale como situación traumática. Lacan
aísla el lugar de la causa y lo distingue del objeto en la
neurosis. De ese modo, sienta precisiones sobre la angustia
como fenómeno de borde. Es necesario una idea sensible de la real, ese borde de angustia cuyo legado es a la
función del Uno, gracias al cual la señal advierte impli-
cando al sujeto.

En los SCI no hay pasaje de lo automático a la señal,
ese afecto que al morigerar contrarresta el derrape en el
exceso desorganizante que deja al sujeto sin recursos, en
el desamparo absoluto. El pasaje a la señal requiere del
límite que opera en nombre del padre. Tocar ese punto
no es igual que derrapar en la situación traumática donde
se confunde impunemente exterior-interior. Es necesaria
la operación de una marca que saque de la impunidad al
sujeto (Freud, 1915b).

3. Efectos subjetivos post-infarto

3.1. Síntomas

Con la última teorización de la angustia, Freud ubica los desórdenes somatógenos dentro del campo de las neurosis, pero diferenciadas de la psiconeurosis. Con ello destaca que, si bien

> ...los peligros internos tienen como carácter común el implicar la separación, la separación o pérdida puede, por diversas vías, conducir a una acumulación de deseos insatisfechos y, por ende, a una situación de desvalimiento. Así, la situación traumática es para el maestro descendiente directa del estado de tensión acumulada y no descargada de la que habla en sus primeros escritos sobre la angustia. (Freud, 1926b: 77)

Tomemos algunas viñetas[11].

Un sujeto masculino de 58 años, frente a la pregunta sobre su situación actual respecto de la afección, expresa: "Hoy por suerte mi problema cardiaco lo tengo controlado, sé que si quiero estar bien me tengo que cuidar, porque otra no queda, pero siempre también está *latente el miedo a que vuelva a ocurrir otra vez*". Asimismo, otro sujeto masculino de 48 años dice:

> Quedan algunas manifestaciones diría normales: *vértigos, mareos, náuseas*. No pienso nada en especial, no me gusta para nada, cuando despierto guardo la *sensación de vértigo en mi cuerpo*. No sé si son *ataques de vértigo*, no creo que lleguen a eso. [...] No creo estar discapacitado para nada, pero no soy el mismo físicamente hablando. Existe *un miedo interno a la espera del segundo episodio*, cómo será y si será el último.

---

11 De aquí en adelante, la *cursiva* resalta los valores vinculados a síntomas, principio de realidad y castración.

Con la distinción etiológica arriba aludida, el miedo a la repetición, mareo, depresión, vértigo, pánico, conducen al valor del síntoma actual y colaboran a conjeturar a favor de la ausencia de subjetivación que suponemos. Miedo no es fobia. El miedo a la repetición del ataque que resta en la mayoría de los SCI es un miedo que carece de representación reprimida. La ocasión para la perturbación en las neurosis somatógenas reside fuera del ámbito anímico (Freud, 1926b). Sus síntomas no se constituyen como tales; el sujeto no les asigna creencia y al carecer de determinismos reprimidos, no devienen enigma. A su vez, para Lacan, fuera de todo determinismo localizable, el pánico es un desorden cercano al miedo. Lo peculiar es que no hay en él amenaza, y falta la angustia. En la angustia el sujeto está interesado, concernido en lo más íntimo de sí mismo (Lacan, 1962-1963). Otras conjeturas conducen al autor a pensar el miedo como miedo al cuerpo (Lacan, 1974).

Por otra parte, en el marco de las neurosis somatógenas, toma preeminencia la inicial idea de sumación, acumulación. Para su emergencia, es preciso que rebasen ciertos valores de umbral.

Freud sitúa a la expectativa angustiada como el síntoma nuclear en tanto un quantum de angustia libremente flotante, cuyo mecanismo responde por ser desviada, sin admitir derivación psíquica. Empero, el estado de angustia también puede irrumpir como ataque sin representación asociada, o bien conectarse con una perturbación de la función cardiaca. Las quejas proferidas por los SCI resultan meramente corporales sin atisbo de simbolización alguna, ni angustia que afecte. Palpitaciones, arritmia, taquicardia y también espasmos en el corazón, falta de aire, oleadas de sudor, hambre insaciable, etc.; también es muy común que en sus relatos queden relegados o apenas reconocibles como un sentirse mal, un malestar (Freud, 1895c).

Dentro de los síntomas de estas neurosis el vértigo ocupa una posición destacada. En sus formas más leves se vincula al mareo, y en su forma más grave al ataque de vértigo. A veces estos ataques pueden estar subrogados por un desmayo profundo. Agrega Freud que el ataque de vértigo se acompaña por la peor variedad de angustia y a menudo se combina con perturbaciones cardíacas y respiratorias.

Sujeto masculino de 66 años:

> Me creía el campeón del *mundo por hacer todo y no dejar nada sin hacer*. *[...]* Ya de adulto comencé a no poder tener un buen dormir, y eso hacía que no descansara lo suficiente. Me levantaba constantemente para llenar formularios con respecto de mi trabajo. *Me obligaba y quería entregar todo en término y que nunca me faltase nada.*

El insomnio como una variedad del ataque de angustia ocurre cuando la activación de la pulsión aflorante de la fijación traumática es excesiva impidiendo la transposición del trabajo del inconsciente y sus leyes. Freud lo considera uno de los síntomas más extremos de las neurosis. Ahí no se trata del deseo, en tales circunstancias acontece el insomnio como renuncia a dormir por angustia a los fracasos de la función del sueño (Freud, 1933a).

3.2. Principio de realidad

Para el psicoanálisis, no hay realidad vivida como tal. El saber consciente no replica lo vivido; con la pulsión de muerte se trata de realidad psíquica inscripta. Sólo así resulta verosímil la implicancia subjetiva. Los SCI saben pero aun así proceden en su contra. Respecto de los cuidados y prescripciones, un sujeto masculino de 57 años decía:

Al principio, seguí todas las indicaciones de los médicos. Dejé de fumar por unos seis meses y *luego volví a fumar un atado por día, actualmente fumo*, me costó muchísimo dejarlo. La dieta la seguí al pie de la letra y los ejercicios también, hasta el día de hoy sigo caminando en cuanto tengo tiempo libre intentando adecuarme a lo que el cuerpo me permite, no me esfuerzo de más y *estoy pensando en empezar terapia psicológica* a pesar de que ya pasó mucho tiempo desde mi enfermedad.

Los SCI saben pero desmienten, esto es, saben pero desconocen a la vez. De este modo, entre la renegación y la búsqueda de la enfermedad dolorosa, transitan en una compulsión inevitable hacia la destrucción. En ellos el trozo impedido de provenir de un efecto simbólico se hace carne indigna a expensas del Uno que coloca al goce a beneficio del sujeto.

Un sujeto masculino de 55 años, como respuesta respecto al cumplimiento de las prescripciones, expresa:

Me dijeron que no debo *hacerme mala sangre*, pero a veces no lo puedo evitar... Me hago mucha mala sangre. *Creo cumplir con lo indicado por la médica, excepto que volví a practicar parapente antes de lo permitido.* Con respecto a no hacerme mala sangre, lo cumplo a medias puesto que a veces ocurren cosas en mi trabajo y no puedo evitar esa reacción, me hago mucha mala sangre. [...] Yo *siempre tuve insomnio, dolores en el pecho, problemas estoma-cales, pero no le daba importancia a las señales de mi cuerpo*.

Necesidad de castigo y mala sangre se conjugan para justificar a través de la conducta, la posición frente a un Otro cuya hendidura no termina de poder instituirse. Dice Lacan: "El pasaje al acto [...] esa partida errática hacia el mundo puro donde el sujeto sale [...] a reencontrar, algo [...] rechazado, [...] se hace mala sangre [...] el paso de la escena al mundo" (Lacan, 1962-1963: 129). Por otra parte, retomar la práctica del parapente antes del tiempo pres-cripto advierte sobre la tendencia autodestructiva, sesgo

cruel del superyó colocándose para ser castigado cuando
la meta es el sufrimiento. Para Freud, ello no redunda en
beneficio de la moral ni del individuo: "...el masoquista se
ve obligado a hacer cosas inapropiadas, a trabajar en contra de su propio beneficio, destruir las perspectivas que se
le abren en el mundo real y, eventualmente, aniquilar su
propia existencia real" (Freud, 1924c: 175). Si la función del
Uno falla ¿cómo podría hacer propio lo vivido? Así lo indi-
can ciertas expresiones: "esto le pasó al corazón", "mi esposa cuida mis comidas". Negación, desmentida, racionalización, oblatividad y otros son rasgos hegemónicos que se
reiteran de modo notable en los SCI.

3.3. Efectos de castración[12]

Si la subjetividad se focaliza en la caída del falo, un desprendimiento es constituyente. El neurótico pretende ser
uno en el campo del Otro, su problema es "la imposibilidad de hacer encajar el objeto a en el plano imaginario, en
conjunción con la imagen narcisista" (Lacan, 1968-1969:
237). A cambio de ello, cuando hay pasaje de lo imaginario
a lo simbólico, el falo pone el acento sobre el órgano elevado a significante. La función de la falta es decisiva. De
este modo, el narcisismo secundario implica tener escrito
el hueco del menos fi. Así, el Uno unificante otorga ilusión
de unidad y vela el autoerotismo que, librado a sí mismo,
es fenómeno de un dolor imperativo.

Lo observado en los SCI nos conduce a expresiones
tales como: cuerpo "máquina" "siempre a full", "Tarzán",
"siempre a fondo", "de fierro", "invencible", "intocable". Se
delata aquí una rigidez contraria al yo como sede de efectos castrativos. Al no operar la castración fálica resulta

---

12 En ninguno de los sujetos entrevistados se registra la realización de tratamiento
psicológico, ni antes ni después del infarto.

difícil acceder a una idea sensible de lo real. "Con la distinción del ser y del tener [...] el falo se encarna en lo que le
falta a la imagen" (Lacan, 1960-1961: 433). Es fundamental
la relación entre lo imaginario y lo simbólico, sólo así el
significante fálico, privilegiado del deseo, lo es de un goce
excluido. Con la separación imaginaria del falo, es posible la seriación de objetos parciales. Que el yo devenga
agujereado no es igual a devenir objeto indigno, desecho
que recusa toda posibilidad de pérdida. Una considerable
depreciación narcisista ligada a un "todo vale" y autoexigencia extrema son rasgos notables en los SCI. Si la ameba
es metáfora de reversibilidad, otro es el caso cuando la violencia de un proceso obliga a retirar la libido de los objetos.

También se ha registrado otro tipo de fenómenos. Un
sujeto femenino de 48 años, frente a la pregunta: ¿Podría
plantear un antes y un después en su vida a partir del episodio cardiaco?, expresa:

> *Ah! De eso ni me acuerdo. Estoy bien.* [...] Me prohibieron que
> no haga esfuerzo, que no engorde, que me cuide de la presión,
> del colesterol... ¡Qué sé yo! *No le doy bola a nada.* [...] Ahora
> *está todo igual. Cada vez que me internaron siempre me escapé.*
> *Nunca tenía el alta. No podía perder tiempo.* Con los hijos estu-
> diando... *Tenía que volver a trabajar.*

La reacción terapéutica negativa, como exponente
arrasador de todo resquicio de bienestar, también irrumpe
en la cotidianeidad de la vida. Conectado al estrés que
domina la posición de estos sujetos en el tiempo previo al
suceso cardíaco, sin perder tiempo y a toda prisa, el padecer es lo que importa. El acto normativo es relevado aquí
por el pasaje al acto que hace del sujeto objeto deyecto,
indigno. Un yo apesadumbrado, deprimido, atacado feroz-
mente como intento desesperado de querer instituir lo no
instituido. Cuerpo no erógeno ni propio como presencia

obscena deviene indigno de ser cuidado. Morir empujada por la compulsión de la autoexigencia aparece como una opción inevitable.

Al respecto, Freud nos advierte que en ciertas circunstancias,

> ...la libido convertida en narcisista no puede hallar el [...] regreso hacia los objetos, y es este obstáculo a su movilidad el que pasa a ser patógeno. [...] la acumulación de la libido narcisista no se tolera más allá de cierta medida. Y aún [...] se ha llegado a la investidura de objeto [...] porque el yo se vio forzado a emitir su libido a fin de no enfermar con su éxtasis. (Freud, 1917a: 383)

El supuesto inicial de la acumulación retorna y se conjuga con la inmovilidad, la pesantez libidinal. Lo peligroso allí es quedar sumidos a la inmediatez de sentirnos reducidos a ser un puro cuerpo, sin rodeos ni velos normativos tal como se registra en los SCI. Con el Yo compacto, rígido, de fierro como único objeto no hay seriación. Lazos petrificados impiden la reversión del yo-ideal al yo auténtico. Freud se refiere a la inhibición en el desarrollo del yo; y a su necesario refuerzo y alteración: "El yo es escindible, se escinde [...] al menos provisionalmente. Los fragmentos parcelados pueden reunificarse luego" (Freud, 1933b: 54).

La angustia como afecto central que todo lo ordena acarrea un problema. En su carácter de afecto no se reprime; desarrumado, va a la deriva, desplazado, loco, invertido. Los significantes lo amarran porque ellos están reprimidos (Lacan, 1962-1963). A cambio de ello, en los SCI, la acumulación, explosión, estallido no se vive como daño imaginario efecto de lo simbólico, sino que, a expensas de lo simbólico, deviene herida física que contrarresta la producción de la neurosis. Entonces, el ataque cardíaco viene al lugar de la dificultad de pasaje al falo significante, único que verifica el agujero verdadero de lo simbólico. En estos sujetos no se trata del deseo reprimido. Otros son los hechos clínicos cuando la relación al deseo está perdida. Asimismo, en los SCI, ciertos efectos post-infarto muestran la lucha ansiosa por acotar el exceso que persiste sin encontrar una línea de corte, el límite de un no subjetivante. Este solo aparece bajo la dependencia extrema. En la gran mayoría, la hora del propio sujeto se torna inverificable; todo por el otro.

Un sujeto masculino de 48 años, frente a idéntica pregunta enuncia:

> Antes hacía muchas cosas, y andaba todo el día trabajando estresado, cada vez más cosas, después del infarto cambio, no solo en la cantidad sino también en la forma de trabajar *estoy más tranquilo, tomé conciencia de que tengo que saber frenar, hasta cuánto llegar sin excederme, cuando me embalo me frenan mis compañeros o mi familia; además cambió mi forma de ver la vida, de disfrutar más tiempo con mi familia y amigos.*

Sujeto femenino de 70 años: "Tengo *mareos, náuseas, vértigo, gastritis, cálculos, creo que no me falta nada*". Observamos aquí que, entre la renegación y la falta que falta, la angustia permanece del lado del otro. La compulsión demoníaca empuja sin fin a la satisfacción en el displacer. Es necesario que la falta no falte (Lacan, 1962-1963). Si falta la falta, en su lugar se muestra lo atroz. Ominosa presencia de un cuerpo desbordado a expensas de la función del menos fi, vale decir, del Uno que en el Otro deviene menos Uno.

Sujeto masculino, 55 años: "Sí, tuve el infarto pero todo sigue igual, nada ha cambiado, siguen los mismos problemas igual que antes del infarto". La repetición de lo mismo adquiere el sesgo demoníaco allí cuando el sujeto, sin saberlo, ha participado activamente para el siniestro desenlace. El sujeto atravesaba graves problemas. En medio de pleitos ominosos por estafas reiteradas de un familiar muy cercano, recuerda un sueño de angustia, cercano a la pesadilla: "desperté sobresaltado muy mal tenía toda mi espalda con papeles pegados pero de un modo que yo tiraba y tiraba para arrancarlos y no se despegaban... Por momentos hasta la piel se arrancaba... Y así, así en esa desesperación... desperté". La pesadilla no equivale al sueño como pesadilla moderada (Zanelli y Cosentino, 2016). Recusando toda entropía, se trata de la infinitud del goce del Otro que no existe. Para Lacan:

> La angustia de la pesadilla es experimentada [...] como la del goce del Otro. El correlativo de la pesadillas [...] ese ser que hace sentir todo su opaco peso de extraño goce sobre nuestro pecho, que nos aplasta bajo su goce. (Lacan, 1962- 1963: 73)

El mismo sujeto comenta, respecto de las prescripciones: "*mi familia se ocupa de todo... Pero igual sigo fumando un poco menos pero no menos de un atado por día*". Acerca de los días previos, manifiesta haber sentido dolores extraños, desconocidos, pero "*guardé secreto frente a mi familia*". Sobre la situación post-infarto informa: "*para mí, todo sigue igual; con los mismos problemas, me agarro broncas laborales, dos por tres tengo ganas de cagar a trompadas a alguno que me jode*". Vemos aquí el sesgo demoníaco en el vivenciar, rasgos de carácter que empujan sin saberlo a hacerse mal. Culpa inconsciente y autocastigo como expresión del masoquismo moral extremo se muestra, en ocasiones, bajo la necesidad de la enfermedad como un seguro de vida atormentada, tortuosa. En el *Seminario 10*, la cólera surge allí cuando el Otro no juega el juego (Lacan, 1962-1963). Cuestiones atinentes al superyó nos orientan, este ordena gozar, orden imposible que debe poder ser advertida por todos y cada uno. Los SCI no están advertidos de ello. Lo imposible no está prohibido y esta omisión hace obstáculo a recuperar goce por canales legales. Se trata de un límite que requiere de la advertibilidad y de un *"no"* subjetivante, cuestión que, en los SCI no funciona arrastrándolos a la indignidad del cuerpo.

Sujeto femenino de 52 años, exclama:

> Yo soy una pobre persona que podía haber sido o estado mucho mejor teniendo muchas cosas buenas y positivas y en su momento no las supe ver. No me gusto para nada, una pobre infeliz. *Si hubiese sido mejor antes, sería mejor ahora. Es como que estoy dormida y todavía no me puedo despertar.*

Vemos aquí de qué modo, sobre un manto de piedad, un yo-figurita esconde un goce cruel, feroz. Cuando la sombra del objeto cae sobre el yo, melancolía, tristeza, depresión, el factor moral hipersevero se conjuga para encontrar en la enfermedad el alivio a la necesidad de castigo. El despertar requiere de la amenaza que sólo cuando proviene del Padre deviene terrorífica y creíble para un sujeto. Es necesario que el peligro amenace de afuera y se pueda creer en él. La angustia implica corte, presencia del significante como surco en lo real. Corte que se abre y deja aparecer lo inesperado: "La angustia [...] lo que no engaña, es lo fuera de duda" (Lacan, 1962-1963: 87). El problema es que la angustia en su carácter de afecto no se reprime. Desarrumado, a la deriva, carente del amarre significante, promueve actos locos en un sujeto desorientado. Es necesario que el aparato trabaje para morigerar su impacto mediante la elaboración psíquica.

Sujeto masculino de 55 años:

> *Ahora soy más reflexivo.* Le doy menos importancia a las cosas por las que antes me hacía problema. En el trabajo cumplo pero trato en lo posible de no tomarme las cosas tan en serio. Pienso en caminar, pero me cuesta mucho hacerlo.

Masculino de 65 años decía:

> Y sí, *me di cuenta de lo que puedo yo y lo que no puedo yo... Hasta*
> *ese momento yo era Tarzán, después de ese momento pasé a ser*
> *un ser humano cualquiera, Tarzán era inmortal, y el enfermo es*
> *mortal.* [...] No debo autoexigirme sin pensar, debo tomar todo a
> su tiempo, moderación y tranquilidad. Llegar a las cosas cuando
> corresponde llegar... y ... Sin forzar nada, o sea el devenir.

Freud, interrogado por el malestar en exceso, advierte
sobre modos de combatir el sufrimiento que reposan en
la depreciación del valor de la vida, allí cuando el hombre
rehúsa confesarse su nimiedad, su desvalimiento (1927).
Las comunicaciones de los SCI nos permiten inferir que
pensarse mortal y poder otorgar otro valor a la vida, tal
como declaran, puede concebirse como efectos de cierta
caída o quiebre imaginario. Empero, conjeturamos que no
implican una mutación real en estos sujetos. Es necesaria
la angustia, que los síntomas devengan enigma colocando
el a en el campo del Otro para que una demanda abra la
suposición de saber al Otro. No se trata de la razón ni del
conocimiento. Más allá de la reflexión y del pensarse mortal, es necesario que la muerte se anude al sexo en un decir
dialectizable que abra lugar a la pregunta. Los límites de
la problemática del deseo se conjugan con los hechos del
lenguaje, allí cuando este nos impone dar cuenta de lo que
se es: aparecer para desaparecer. Ser incauto de algún trozo de real que sorprenda, que afecte sin abrumar, requiere
del Uno separador y el efecto de pérdida.

Finalmente, un sujeto femenino de 62 años expresa:

> *Eso sí, la calma que tengo hoy... (PAUSA) Soy dos personas,*
> *totalmente.* La que atiende el negocio, y esta... Esta soy yo. *La*
> *que puede pensar, que en la noche escribe mucho. Es mi terapia.*
> Y a mi hija le estoy inculcando eso. *Es buenísimo... contarle a*
> *Dios lo que te pasa.*

El sujeto arriba citado hace excepción al conjunto del universo observado. Este sujeto ahora sí se dirige al Otro, a un otro sin rostro a quien, a través del *¿che vuoi?* le supone un saber. Dios es inconsciente, más allá del yo, se abre la promesa de transitar del enigma a los misterios. Misterios de un cuerpo que habla en los silencios de una ajenidad que lo complica sin abrumarlo. Letra y escritura no es igual a que un sujeto escriba, empero, al escribir hay pérdida. Escribiendo, podrá hacer propio lo vivido, cuando ese escrito, hablando de otra cosa, haga nudo de una palabra con otra. Mismidad cuyo legado es a la función del Uno, que, si bien permite que el saber se conjugue al goce, no da identidad y tampoco duplica lo vivido. En *El porvenir de una ilusión,* lo fecundo de poder soportarse en la división subjetiva conduce a encontrarse frente a una difícil situación: confesarse su desvalimiento, su nimiedad, dejar de ser el centro de la Creación (Freud, 1927). Cuando el límite opera en nombre del padre hay línea de corte y lo morigerado permite alguna inscripción que alivie al sujeto del peso oprimente del goce cuando este no se recupera por los bordes dignificantes.

Para concluir, las viñetas consignadas de los SCI han sido seleccionadas por su alta significatividad en cuanto ilustran de manera notable los rasgos que se reiteran en la mayoría del universo observado. Resultan abundantes los indicadores que abonan a favor del supuesto que nos ha guiado, que es que en los SCI se verifica la ausencia de subjetivación del infarto, por falla de la función del Uno. De acuerdo con los tres ejes que ordenan este análisis, realizamos las siguientes inferencias.

Respecto de la posición en el discurso, si el Uno interroga la correspondencia biunívoca, los SCI se insertan en una modalidad discursiva donde la yocracia recusa toda equivocidad. La trampa es creer que el lenguaje los presenta. Si se trata de un decir que historice al sujeto, hablar no equivale al decir que hace lazo del que habla a lo que dice. La ausencia de pregunta impide la distancia, merced la cual el sujeto se despega del significante. El problema se suscita a la hora de recusar un decir que promueva efectos. Pues en ellos no se trata de efectos sino de sentidos.

Asimismo, frente a la aceptación incuestionada del Otro sin barrar, la significación del estrés funciona como etiqueta cuyo valor corre opuesto al sujeto del Uno que no equivale al "Uno es" (Lacan, 1971-1972: 71). Si la queja yoica del síntoma permite creer ahí y, a su vez, poder suponer un saber al Otro, no es esto lo verificado en los SCI. En ellos la queja es muda, los fenómenos que presentan no hacen llamado. Entre la desmentida, la oblatividad, la racionalización, nada interroga, nada despierta.

Un sesgo cruel e imperativo marca la pendiente que antecede al colapso cardiaco. Empujados compulsivamente a todo tipo de excesos, muestran la imposibilidad de un no subjetivante. La ausencia de reacción frente a la violencia del dolor, soberbia, y desmentida son evidentes en el tiempo anterior, en el cual los síntomas actuales recusan todo enigma subjetivo. En esa pendiente, con un real desbordado fuera de todo marco, estalla el infarto. Contingencia desfavorable que irrumpe de modo directo borrando todo atisbo de erogeneidad. Haciendo agujero a expensas del Padre des-troza un órgano impedido de devenir significante.

La triple determinación del sujeto (Lacan, 1974-1975) es crucial para interrogar el narcisismo. Los SCI se estancan más acá del tope que marca el menos fi. Impedido el desprendimiento, hay desajuste imaginario. Si no hay pérdida, el narcisismo no deviene secundario y tampoco hay acto ni duelo por el falo que funde al sujeto. La sombra del objeto cae sobre el yo y la exigencia de maltrato sigue siendo impiadosa. El yo rígido como único objeto impide la parcelación y erogeneización que otorgue al cuerpo su estatuto de gozante. La ominosidad de bordes desdibujados y lazos petrificados impide que un sujeto se verifique por el encuentro con un soporte real. La función del Uno convoca el carácter escindible que, con la pérdida narcisista, recusa la viscosidad que prevalece en los SCI.

Si el yo es también agujero, esto no equivale a la rajadura a expensas del Padre. Más acá de las neurosis típicas, la rigidez recusa que el órgano devenga significante. En el pasaje de lo imaginario al falo simbólico se introduce la dificultad. Impedido el significante fálico el goce no logra ser aislado. Desmoronado el fantasma, en los SCI hay tragedia de deseo. El pasaje del goce al deseo sigue impedido. En lugar de habitar una causa digna, se precipitan como objetos indignos bajo modos obscenos de recuperar goce. Un goce cruel, imperativo, subyace tras imágenes depreciadas, martirizadas, vacías de un real que dé soporte auténtico al narcisismo en cuyo seno la libra de carne sea metáfora de deuda paterna. El masoquismo organizado como factor moral es imperativo de dolor que abruma. Un sesgo demoníaco acompaña las conductas post-infarto. En los SCI el acceso directo carece de prohibición. Sabemos que el objeto está perdido desde siempre; empero es necesario advertirlo. Empero los excesos que aún perturban en demasía, obstaculizan el pasaje del goce al deseo.

En los SCI el trauma se corporiza haciendo marco supletorio que empobrece. Los SCI derrapan en la aspiración irrealizable al todo. La desorganización sesgada por la falta de señal-angustia impone otros hechos por los cuales se intenta instituir lo no instituido. Impedido el a de colocarse en el campo del Otro, la precipitación, *acting out* permanentes, dejan al sujeto en el lugar de objeto abyecto, indigno. La angustia que concierne a un sujeto no es estrés ni la prisa "mediante la cual el hombre se precipita en su semejanza al hombre" (Lacan, 1960-1961: 404).

Hay un franqueamiento que en los SCI está complicado. La raíz del fantasma, ese punto inicial de angustia: poder atravesarlo es crucial a la hora de toparnos con estos sujetos en los que la relación al deseo está perdida. Impedidos de atravesar ese punto quedan sumergidos, aspirados en la situación de desamparo. El sujeto trastornado se ve desbordado por una situación que irrumpe y a la que no puede dominar (Lacan, 1960-1961).

De modo similar al tiempo previo, en la situación post-infarto niegan, desmienten, racionalizan evidenciando la no aceptación de lo vivido; situación que impacta negativamente en el cumplimiento de las prescripciones y cuidados acordes a la valorización de la vida. Dicho incumplimiento se contradice con expresiones vertidas a favor de la vida.

En este tiempo posterior, resulta notable la persistencia de una expectativa angustiada que insiste bajo síntomas que sin constituir enigma no son relevados por elaboración psíquica alguna. Entre ellos, el miedo a la repetición representa casi una invariable. Asimismo, abona en contra de la subjetivación del infarto, no sólo la vigencia de síntomas que no interrogan, sino también la lucha ansiosa por acotar los excesos perturbadores, como rasgos de carácter y otros, muestran la carencia de un no subjetivante proveniente de la marca del Padre.

Si la evocación del Uno hace vacilar, caer, los efectos de caída que declaran parecen sólo imaginarios. Los cambios de posición post-infarto aparecen signados por la oblatividad y dependencia extrema del semejante. Conjeturamos que se trata de quiebres imaginarios que no adoptan el carácter de angustia que promueva una demanda, una suposición de saber al Otro. En ningún caso se registra la realización de tratamiento psicológico. Por tanto, interpretamos que no se trata de una mutación real que involucre al sujeto. Pensarse como mortal en el plano de la reflexión implica un quiebre yoico, empero, la muerte en tanto significante se juega en la retroacción donde el sujeto se verifica haciendo suyo lo vivido. Aquí está la complicación si es que el sujeto ha de seguir la huella de su deseo. Al fallar la función del Uno, la enunciación no adopta el giro de la demanda, en tanto el Otro no deviene inconsistente. Expresiones como "aún sigo durmiendo, no despierto" muestran que Uno requiere de otro goce. Plus de goce que despierta pero no abruma. Sólo si el falo se encarna en Uno, el Ello muestra lo que allí despierta sin ser. Es el objeto el que anuda. Ahí el deseo adquiere consistencia, se plantea como deseo del Otro. Empero, esto no es algo que va de suyo.

Conclusión

Si el sujeto en el Otro se historiza, una inscripción decide las vicisitudes. Cuando el Uno se escribe, el sujeto se inscribe. La realidad se funda en un relato cuando, a diferencia de lo constatado en los SCI, el enganche al Otro ha sido posible. Así el sujeto queda prometido al acontecimiento que, dependiente de los hechos del lenguaje, no deviene colapso cardíaco.

En los SCI falla el Uno separador; puntuación que engancha el que habla a lo que dice. El saber en fracaso del Uno no es igual a la falla de su función. Cuando Uno conduce al dicho, no hay lugar para la desmentida. Uno asegura la copulación del sujeto con el saber, por ello su lógica subvierte el modo de pensamiento. "Si todo pensamiento se piensa por las relaciones a lo que se escribe de él" (Lacan, 1971-1972: 65), es necesario no darle la espalda al goce. La subjetivación no es conocimiento. La nominación no equivale a comunicar. En los SCI, con la yocracia discursiva, no se trata de efectos sino de sentidos. Cuando se sabe lo que se dice se recusa la torsión que hace de la negación el envés del inconsciente. Su posición se opone a la construcción del sujeto a partir de la lógica del inconsciente. Hay rechazo del enigma del Otro. Contrariamente a ello hay un saber en acto que, como verdad de la división, es corte del significante. Ahí Uno se encarna y algo resuena más allá. Al caer un resto hay lugar para una angustia que implique a un sujeto. Lo real no es la realidad del mundo puro donde los SCI se precipitan. Prisa, estrés, compulsión, *acting out* y otros contrarían a la función de la angustia como un afecto que afecte.

Si el Uno en lo que toca al saber es fracaso, esto no es igual a la falla de su función, tal como se constata en los SCI. Los indicadores señalados revisten alta significatividad y su reiteración en la gran mayoría abona a favor del supuesto que nos ha guiado. Al no operar el Uno separador, no hay afánisis subjetiva y en consecuencia la subjetivación de lo vivido resulta inverosímil. Si el saber depende del goce, el atravesamiento de una escena abre el acceso al goce por el resto. Es ahí donde los SCI se estancan. El a como causa no es vanidad, ni desecho.

Se requiere del Otro para que el resto se articule. Empero, en los SCI hay rechazo del enigma del Otro. Presentan un lazo al objeto petrificado que al fundarse en el dolor como meta recusa todo efecto de pérdida. Impedido el significante fálico, el goce no es aislado.

La subjetivación requiere del Otro en tanto no sabe. Ahí Uno renueva el límite y el cuerpo vaciado de goce deviene principio de inscripción subjetivante. Así se alcanza al Otro. No hay Otro del Otro. Este es el secreto elidido en los SCI. Tocar ese punto de imposible preserva la dignidad de una configuración subjetiva en la que el deseo es posible. Cuestión que en los SCI no funciona.

Cuando el Uno cumple su función, el sujeto de la falta emerge con particular extrañeza. Extrañezas de la castración que recusan toda ominosidad cuando, a diferencia de los SCI, hay un efecto simbólico que incide sobre lo imaginario. La desmentida prevalece y al no dar por válido lo vivido, los efectos subjetivos post-infarto son sólo imaginarios. Sólo por acción del Uno separador, el sujeto despegado del significante se confronta con la falta. Identificado al significante pero no agotado en él, otro destino será posible.

Con la escritura del Uno, un sujeto se inscribe. La mismidad no da identidad ni duplica lo vivido, sino que permite que el sujeto haga suyo lo vivido. El suceso como existente a-priori no equivale a su nominación. La subjetivación exige otra cosa. Sólo cuando el Uno opera se funda lo que Eso nombra como realidad discursiva. Efectos mortíferos que dignifican. Hay que ver si lo vivido implica al sujeto. Si no hay Otro del Otro habrá lugar para lo simbólico con sus leyes metonímicas y metafóricas. Así, la poiesis del más Uno podrá hacer bordes regulados por una economía de goce sin la cual lo obsceno y transgresor puede conducir a lo peor.

Finalmente, el análisis de los datos obtenidos nos permite conjeturar que, con la falla de la función del Uno y la imposibilidad de confrontarse con la angustia, el verdadero riesgo de los SCI consiste en la puesta en cuestión del valor de la vida. El empuje de una compulsión demoníaca que los arrastra en contra del deseo, y la posición de desmentida, representa un riesgo no sólo para la emergencia del infarto sino también para la obscenidad de una siniestra reincidencia. Por ello, nos parece oportuno alentar a la realización de acciones que propicien la apertura de espacios de debate y reflexión en equipos de servicios de cardiología dirigidos al conjunto de profesionales involucrados. Pues si Lacan afirma que el deseo es el remedio frente a la angustia, también podría sugerirse que, en pos de la prevención y del mayor bienestar posible, los médicos aconsejen la consulta o el tratamiento psicológico con igual rango que la medicación, el deporte, dietas alimentarias y demás prescripciones.

Bibliografía

Bazzino, Ó. (2013). "Tercera definición universal de infarto de miocardio: Implicancias en la práctica clínica". *Revista Uruguaya de Cardiología, 28*(3), 403-411. Recuperado el 11 de febrero de 2017, en https://goo.gl/BMBTvv

Coll Muñoz, Y., Valladares Carvajal, F., & González Rodríguez, C. (abr.-jun. de 2016). "Infarto agudo de miocardio. Actualización de la Guía de Práctica Clínica" (U. d. Médicas, Ed.) *Revista Finlay, 6*(2), 170-190.

Facultad de Psicología, UBA. (1998). Documento 247. *Anuario de investigaciones, VI*. Freud, S. (1893/1998). Texto Los estudios sobre la histeria. En Breuer, Freud, & J.

Strachey (Ed.), *Obras completas de Sigmund Freud* (J. L. Echeverry, Trad., Vol. 2). Buenos Aires: Amorrortu.

Freud, S. (1894/1998). *Las neuropsicosis de defensa (Ensayo de una teoría psicológica de la histeria adquirida, de muchas fobias y representaciones obsesivas, y de ciertas psicosis alucinatorias)*. En J. Strachey (Ed.), *Obras completas de Sigmund Freud* (J. L. Echeverry, Trad., Vol. 3). Buenos Aires: Amorrortu.

Freud, S. (1895/1998). *Sobre la justificación de separar de la neurastenia, un síndrome en calidad de neurosis de angustia*. En J. Strachey (Ed.), *Obras completas de Sigmund Freud* (J. L. Echeverry, Trad., Vol. 3). Buenos Aires: Amorrortu.

Freud, S. (1896a/1998). *Fragmento de la correspondencia con Fliess Carta 52*. En J. Strachey (Ed.), *Obras completas de Sigmund Freud* (J. L. Echeverry, Trad., Vol. 1). Buenos Aires: Amorrortu.

Freud, S. (1896b/1998). *Fragmentos de la correspondencia con Fliess Carta 46.* En J. Strachey (Ed.), *Obras Completas de Sigmund Freud* (J. L. Echeverry, Trad., Vol. 1). Buenos Aires: Amorrortu.

Freud, S. (1896c/1998). *Fragmentos de la correspondencia con Fliess Manuscrito K. Las neurosis de defensa.* En J. Strachey (Ed.), *Obras Completas de Sigmund Freud.* Buenos Aires: Amorrortu.

Freud, S. (1896d/1998). *La etiología de la histeria.* En J. Strachey (Ed.), *Obras completas de Sigmund Freud* (J. L. Echeverry, Trad., Vol. 3). Buenos Aires: Amorrortu.

Freud, S. (1900a/1998). *La interpretación de los sueños.* (Primera parte). En J. Strachey (Ed.), *Obras Completas de Sigmund Freud* (J. L. Echeverry, Trad., Vol. 4). Buenos Aires: Amorrortu.

Freud, S. (1900b/1998). *La interpretación de los sueños.* (Segunda parte). En J. Strachey (Ed.), *Obras completas Sigmund Freud* (J. L. Echeverry, Trad., Vol. 5). Buenos Aires: Amorrortu.

Freud, S. (1905/1998). *Tres ensayos de una teoría sexual.* En J. Strachey (Ed.), *Obras completas Sigmund Freud* (J. L. Echeverry, Trad., Vol. 7). Buenos Aires: Amorrortu.

Freud, S. (1908/1998). *Las fantasías histéricas y su relación con la bisexualidad.* En J. Strachey (Ed.), *Obras completas de Sigmund Freud* (J. L. Echeverry, Trad., Vol. 9). Buenos Aires: Amorrortu.

Freud, S. (1911a/1998). *Formulaciones sobre los dos principios del acaecer psíquico.* En J. Strachey (Ed.), *Obras completas de Sigmund Freud* (J. L. Echeverry, Trad., Vol. 12). Amorrortu.

Freud, S. (1911b/1998). *Puntualizaciones psicoanalíticas sobre un caso de paranoia (Desmentida paranoides) descrito autobiográficamente*. En J. Strachey (Ed.), *Obras completas de Sigmund Freud* (J. L. Echeverry, Trad., Vol. 12). Buenos Aires: Amorrortu.

Freud, S. (1912/1998). *Sobre la más generalizada degradación de la vida amorosa (contribuciones a la psicología del amor, II)*. En J. Strachey (Ed.), *Obras completas de Sigmund Freud*. Buenos Aires: Amorrortu.

Freud, S. (1913/1998). *Tótem y tabú. Algunas concordancias en la vida anímica de los salvajes y de los neuróticos*. En J. Strachey (Ed.), *Obras completas de Sigmund Freud*. Buenos Aires: Amorrortu.

Freud, S. (1914). *Introducción al narcisismo*. En J. Strachey (Ed.), *Obras completas de Sigmund Freud* (J. L. Echeverry, Trad., Vol. 14). Buenos Aires: Amorrortu.

Freud, S. (1915a/1998). *La represión*. En J. Strachey (Ed.), *Obras Completas de Sigmund Freud* (J. L. Echeverry, Trad., Vol. 14, págs. 135 – 152). Buenos Aires: Amorrortu.

Freud, S. (1915b/1998*). Pulsiones y destinos de pulsión*. En J. Strachey (Ed.), *Obras completas de Sigmund Freud* (J. L. Echeverry, Trad., Vol. 14). Buenos Aires: Amorrortu.

Freud, S. (1917a/1998). *26° conferencia. La teoría de la libido y el narcisismo*. En J. Strachey (Ed.), *Obras completas de Sigmund Freud* (J. L. Echeverry, Trad., Vol. 16). Buenos Aires: Amorrortu.

Freud, S. (1917b/1998). *Duelo y melancolía*. En J. Strachey (Ed.), *Obras completas de Sigmund Freud* (J. L. Echeverry, Trad., Vol. 14). Buenos Aires: Amorrortu.

Freud, S. (1919a/1998). *Lo ominoso*. En J. Sarchey (Ed.), *Obras completas de Sigmund Freud* (J. L. Echeverry, Trad., Vol. 17). Buenos Aires: Amorrortu.

Freud, S. (1919b/1998). *Pegan a un niño. Contribución al conocimiento de la génesis de las perversiones sexuales*. En J. Strachey (Ed.), *Obras completas de Sigmund Freud* (J. L. Echeverry, Trad., Vol. 17). Buenos Aires: Amorrortu.

Freud, S. (1920/1998). *Más allá del principio del placer*. En J. Strachey (Ed.), *Obras Completas de Sigmund Freud* (J. L. Echeverry, Trad., Vol. 18). Buenos Aires: Amorrortu.

Freud, S. (1921/1998). *Psicología de las masas y análisis del yo*. En J. Strachey (Ed.), *Obras completas de Sigmund Freud* (J. L. Echeverry, Trad., Vol. 18). Buenos Aires: Amorrortu.

Freud, S. (1923a/1998). *El yo y el ello*. En J. Strachey (Ed.), *Obras completas Sigmund Freud* (J. L. Echeverry, Trad., Vol. 19). Buenos Aires: Amorrortu.

Freud, S. (1923b/1998). *La organización genital infantil (Una interpolación en la teoría de la sexualidad)*. En J. Strachey (Ed.), *Obras completas de Sigmund Freud* (J. L. Echeverry, Trad., Vol. 19). Buenos Aires: Amorrortu.

Freud, S. (1924a/1998). *El problema económico del masoquismo*. En J. Strachey (Ed.), *Obras completas de Sigmund Freud* (J. L. Echeverry, Trad., Vol. 19). Buenos Aires: Amorrortu.

Freud, S. (1924b/1998). *Algunas consecuencias psíquicas de la diferencia anatómica entre los sexos*. En J. Strachey (Ed.), *Obras completas de Sigmund Freud* (J. L. Echeverry, Trad., Vol. 19). Buenos Aires: Amorrortu.

Freud, S. (1924c/1998). *El sepultamiento del complejo de Edipo*. En J. Strachey (Ed.), *Obras completas de Sigmund Freud* (J. L. Echeverry, Trad., Vol. 19). Buenos Aires: Amorrortu.

Freud, S. (1925a/1998). *La negación*. En J. Strachey (Ed.),
  Obras completas de Sigmund Freud (J. L. Echeverry,
  Trad., Vol. 19). Buenos Aires: Amorrortu.

Freud, S. (1925/1998). *Presentación autobiográfica*. En J.
  Strachey (Ed.), *Obras completas de Sigmund Freud* (J.
  L. Echeverry, Trad., Vol. 20). Buenos Aires: Amorrortu.

Freud, S. (1926a/1998). *¿Pueden los legos ejercer el análisis?*
  En J. Strachey (Ed.), *Obras completas de Sigmund
  Freud* (J. L. Echeverry, Trad., Vol. 20). Buenos Aires:
  Amorrortu.

Freud, S. (1926b/1998). *Inhibición, síntoma y angustia*. En
  J. Strachey (Ed.), *Obras completas de Sigmund Freud*
  (J. L. Echeverry, Trad., Vol. 20). Buenos Aires: Amo-
  rrortu.

Freud, S. (1927/1998). *El porvenir de una ilusión*. En J. Strachey (Ed.), *Obras completas de Sigmund Freud* (J. L.
  Echeverry, Trad., Vol. 21). Buenos Aires: Amorrortu.

Freud, S. (1930/1998). *El malestar en la cultura*. En J. Strachey (Ed.), *Obras completas de Sigmund Freud* (J. L.
  Echeverry, Trad., Vol. 21). Buenos Aires: Amorrortu.

Freud, S. (1933a/1998). *29° conferencia. Revisión de la doc-
  trina de los sueños*. En J. Strachey (Ed.), *Obras completas Sigmund Freud* (J. L. Echeverry, Trad., Vol. 22).
  Buenos Aires: Amorrortu.

Freud, S. (1933b/1998). *31° conferencia. La descomposición
  de la personalidad psíquica*. En J. Strachey (Ed.), *Obras
  completas de Sigmund Freud* (J. L. Echeverry, Trad.,
  Vol. 22). Buenos Aires: Amorrortu.

Freud, S. (1933c/1998). *32° conferencia. Angustia y vida
  pulsional*. En J. Strachey (Ed.), *Obras completas de Sigmund Freud* (J. L. Echeverry, Trad., Vol. 22). Buenos
  Aires: Amorrortu.

Freud, S. (1933d/1998). *La feminidad*. En J. Strachey (Ed.), *Obras completas de Sigmund Freud* (J. L. Echeverry, Trad., Vol. 22). Buenos Aires: Amorrortu.

Freud, S. (1939/1998). *Moisés y religión monoteísta*. En J. Strachey (Ed.), *Obras completas de Sigmund Freud* (J. L. Echeverry, Trad., Vol. 23). Buenos Aires: Amorrortu.

Freud, S. (1940/1998). *La escisión del yo en el proceso defensivo*. En J. Strachey (Ed.), *Obras completas de Sigmund Freud* (J. L. Echeverry, Trad., Vol. 23). Buenos Aires: Amorrortu.

Freud, S. (1950). *Proyecto de psicología*. En J. Strachey (Ed.), *Obras completas de Sigmund Freud* (J. L. Echeverry, Trad., Vol. 1). Buenos Aires: Amorrotu.

Glaser, B., & Strauss, A. (1980). *El desarrollo de la teoría fundada*. Illinois: Aldine.

Gómez, J. (2012). "Ética y principio de incertidumbre en la investigación. Algunas consideraciones sobre la subjetividad en el oficio de investigador". *Revista Borromeo* (3), 275-289.

Lacan, J. (1955/1956/1985). *El seminario. Las psicosis* (Vol. 3). (D. Rabinovich, J. L. Delmont-Mauri, & J. Sucre, Edits.) Buenos Aires: Paidós.

Lacan, J. (1959/1960/1988). *El seminario. La ética del psicoanálisis* (Vol. 7). (D. Rabinovich, J. L. Delmont-Mauri, & J. Sucre, Edits.) Buenos Aires: Paidós.

Lacan, J. (1960/1961/2003). *El seminario. La transferencia* (Vol. 8). (D. Rabinovich, J. L. Delmont-Mauri, & J. Sucre, Edits.) Buenos Aires: Paidós.

Lacan, J. (1961/1962). *El seminario. La identificación* (Vol. 9). Buenos Aires: Paidós.

Lacan, J. (1962/1963/2010). *El seminario. La angustia* (Vol. 10). (E. Berenguer, Trad.) Buenos Aires: Paidós.

Lacan, J. (1964/1984). *El seminario. Los cuatro conceptos fundamentales del psicoanálisis* (Vol. 11). (J. L. Rabinovich, J. L. Delmont-Mauri, & J. Sucre, Trads.) Buenos Aires: Paidós.

Lacan, J. (1966/1967). *El seminario. La lógica del fantasma* (Vol. 14). Buenos Aires: Paidós.

Lacan, J. (1968/1969/2008). *El seminario. De otro al otro* (Vol. 16). (N. González, Trad.) Buenos Aires: Paidós.

Lacan, J. (1969/1970/1992). *El seminario. El reverso del psicoanálisis* (Vol. 17). (E. Berenguer, & M. Bassols, Trads.) Buenos Aires: Paidós.

Lacan, J. (1971). *El seminario. De un discurso que no fuese del semblante* (Vol. 18). Lacan, J. (1971/1972/2012). *El seminario. ... o peor.* (Vol. 19). (G. Arenas, Trad.) Buenos Aires: Paidós.

Lacan, J. (1972-1973/1985). *El seminario. Aun* (Vol. 20). (D. Rabinovich, J. L. Delmont-Mauri, & J. Sucre, Trads.) Buenos Aires: Paidós.

Lacan, J. (1973/1974). *El seminario. Les non-dupes errent [Los no incautos yerran (Los nombres del padre)] (Vol. 21).* Buenos Aires: Paidós.

Lacan, J. (1974/1975). *El seminario. RSI.* (Vol. 22). Buenos Aires: Paidós.

Lacan, J. (1974/1988). *Intervenciones y textos* (Vol. 2). Buenos Aires: Manantial. Lacan, J. (1975). Conferencia en Ginebra sobre el síntoma. *Intervenciones y textos II.* Buenos Aires: Manantial.

Lacan, J. (1975/1976/2006). *El seminario. El sinthome.* (Vol. 23). (N. González, Trad.) Buenos Aires: Paidós.

Lacan, J. (1976/1977). *El seminario. L´insu que sait de l´une-bévue s´aile á mourre.* (Inédito ed., Vol. 24).

OMS. (2017). *Organización Mundial de la Salud.* Recuperado el 18 de febrero de 2017, de https://goo.gl/fZZmvi.

Pérez, G. E. (2013). "Infarto agudo de miocardio en la República Argentina: Registro CONAREC XVII". *Revista argentina de cardiología, 81*(5), 390-399. Recuperado el 11 de febrero de 2017, de https://goo.gl/oVwMmt.

Ramírez, M. (2004). "La investigación clínica en psicoanálisis". *Affectio societatis, 4*(7), 1-12.

Thygesen, K., Alpert, J., Jaffe, A., Simoons, M., Chaitman, B., & White, H. (2013). Documento de Consenso de Expertos. Tercera definición universal del infarto de miocardio. *Rev Esp Cardiol. 2013; 66: 132.e1-e15, 66*(132), e1-e15. Recuperado el 11 de febrero de 2017, de https://goo.gl/txQ2UL.

Zanelli, S. B. (2014). *Investigación y psicoanálisis : trauma actual : la función de la palabra y el lugar del cuerpo en sujetos con desórdenes cardiovasculares, específicamente infartos : una lectura psicoanalítica*. Buenos Aires: UAI Editorial.

Zanelli, S. B., & Cosentino, J. C. (2016). *La clínica psicoanalítica: más allá del principio de placer*. Buenos Aires: Teseo.

Este libro se terminó de imprimir en julio de 2018 en Imprenta Dorrego (Dorrego 1102, CABA).